跨学科语文创意作业1

主　编：何　捷
副主编：谢晓丽
执行主编：文小荷　林　威
插画绘制：林　威

山东城市出版传媒集团·济南出版社

图书在版编目（CIP）数据

跨学科语文创意作业 . 1 / 何捷主编 . -- 济南 : 济南出版社 , 2022.8

ISBN 978-7-5488-5176-9

Ⅰ . ①跨… Ⅱ . ①何… Ⅲ . ①小学语文课—教学参考资料 Ⅳ . ① G624.203

中国版本图书馆 CIP 数据核字（2022）第 139721 号

跨学科语文创意作业 1 上册　　何 捷 主编

出 版 人：田俊林
图书策划：李圣红　董慧慧
责任编辑：董慧慧　陶　静
封面设计：八　牛
插画绘制：林　威
版式设计：张　倩
内文排版：刘欢欢
出版发行：济南出版社
地　　址：济南市二环南路 1 号
邮　　编：250002
印　　刷：济南新先锋彩印有限公司
成品尺寸：185mm × 260mm　16 开
印　　张：13
字　　数：108 千
版　　次：2022 年 8 月第 1 版
印　　次：2022 年 10 月第 1 次印刷
书　　号：ISBN978-7-5488-5176-9
定　　价：39.00 元（上下册）

序言

“双减”后的周末，“出去疯”还是“家里蹲”

2021 年 7 月，国家出台文件，“双减”政策正式落地。2022 年 4 月，《义务教育语文课程标准》颁布，提出“跨学科学习”任务群。

两件大事的发生，让我们不得不思考——

“双减”后的周末，作业如何设计？学生怎么做？是“出去疯”还是“家里蹲”？

答案非常明确——“出去疯”。

理由也很充分：首先，“出去疯”才有可能强身健体，而体力是人最核心的后盾；其次，“出去疯”，更重要的是感受自然，让大自然成为学生最亲近的老师；最后，出去疯还有一个重要意图，让学生融入社会，体验风物人情。

“跨学科学习”这一任务群，也会在这样的学习方式转变中，得以分期实施，逐步完成。

为此，我和团队的小伙伴为 1-6 年级的同学们，专门设计了这套书。伴随着这套作业，小学 1-6 年级的同学们，将度过童年美妙的“浪漫”时光。

这原本就是小学阶段应有的“浪漫”，也是人成长的“必经阶段”。

英国哲学家怀特海在他的《教育的目的》演讲中，早就为我们划定了 12 岁之前的“浪漫阶段”。如今，“双减”政策落地后，让社会、大自然成为一种全新的学校样态，让同学们从反复的机械式刷题和为考试而学的漩涡中解脱出来，让未来我们需要的接班人健康成长。

未来，国家建设更需要的是健康、健全、健美的人。如果长大后依然四肢无力、头脑发达，我们就难以更好地实现人生目标；如果长大后只能够解题，而不懂应用，我们也就难以承担重任；如果长大后非常冷漠、自私，不能体察人间冷暖，

我们就更难以与人合作，共创未来。

在基础教育阶段，“出去疯”吧，释放应有的生活空间，感受多姿多彩的世界，让自然成为神奇的教育力量，让我们在更多渠道获得成长。国家的未来，不能由巨婴、啃老族组成；国家的未来，需要孩子健康、野性、儒雅、强壮、理性。所以，请不要让“双减”后的周末，再对“刷题”恋恋不舍，让我们一起走出家门，走进自然，走向社会。

这里的“疯”，专指——让人着迷的实践活动。这里的“出去”利用的就是周末时间，带有两个含义：其一，尽可能在户外活动；其二，让父母与子女协同出行。“出去疯”成为我们设想中真正的“大语文”教育新生态。

我们为不同年级提供了相应的活动指南。在《跨学科语文创意作业》的设计系统中，周末的创意是分学段进行的：第一学段（1-2 年级）注重阅读与亲近自然；第二学段（3-4 年级）注重阅读与亲近科学；第三学段（5-6 年级）注重阅读与亲近艺术。

低年级，指向对自然的感受，让学生走进果园，走进山中，去到小溪边，来到沙地上，仰望星空，观望小鱼，凝视远山与白云，让自然调和与温润学生的童心，感受到生活的美好。

中年级，更期待向往科学，能够在一个个有趣的小实验中体会科学的奥秘，开启探索之旅，发现文明历程中一个又一个奇迹。这可能是当代小学生最缺乏的素养，也正是未来建设者与接班人最需要具备的素质。我们建议语文老师，更应该在科学素养的培植上具有国际视野，有格局、有情怀，让学科融合在中年级成为学习的主要方式。

高年级，学生长大了，变得沉默、稳重、深刻了。于是这个时候，我们推荐的是艺术修养，让学生更多感受音乐、舞蹈、绘画、民间艺术，以及各种不同的文明样态，让学生更多走进博物馆，走进音乐厅，走进艺术画廊……与人类最精致的表达形式相伴。

同时，三个学段都加强了“阅读”这一关键的作业，这不是“负担”，而是必须的“承担”。

本书中的每一篇，都按照“做中学”的结构设计。即先进入最具创意的“活动过程”，之后结合活动体验，进入“学习过程”，完成相关的作业。“活动过程”匹配上文所述的基本方向；学习过程则遵循《义务教育语文课程标准》对不同学段的学习目标而设计，同时参考布鲁姆的教育目标分类学中“认知层级分类”理论，对完成作业进行不同层级的设定。这样的设计理念，不让作业出现重复训练、徘徊在低级层面的状态。同时，学生在运用知识解决不同问题的过程中，各部分有整体性的贯通，有助于将新知识融入原有的认知体系。学习过程和活动过程紧密配合，学生在真实的情境中创造性地解决问题，在活动过程中不断调用元认知策略对学习进行调控，希望完成这样的作业系统后，更多学生可以达到“专家学习”的程度。

当然，“出去疯”很容易产生误解——难道周末就要疲于奔命？

不，“出去疯”要和“家里蹲”相融合。学生走出户外充分实践之后，我们也希望他们回到家能在父母的陪伴与引导下，静下心来，平稳情绪，沉着而执迷地将所见所闻、所思所想进行总结与梳理。让反思与沉淀成为学习的常态。

实践之后，我们设计了有趣的、适合不同年级的创意语文作业，让语文学科的听、说、读、写四大能力，与之前的活动体验相结合，让学生的语文学习水平得到真正的提升。这就是“跨学科语文创意作业设计”的基本内核。

美国学者杜威先生最早提出的“做中学”——在充分实践后，在沉迷的学习中，在切身体验里，进行自我反思与总结，进行适当的练习，将所有的知识与亲身感受，个人实践内化为个体的全新经验。这就是我们这套神奇的书在做的事。

“跨学科语文创意作业”为学生打通了一个新的学习路径，建设了一种能够自我提升的自由学习模式。相信这样的学习对学生是最为有益的，也是“双减”政策之后周末的全新作业样态全新的学习模式。

特别感谢全国“两基迎国检”工作先进个人——谢晓丽校长为此书付出的辛勤工作。感谢参与编写的团队伙伴们，按照参与的年级，我们逐一列出他们的名字。这些都是富有创意的老师哦：

一年级

文小荷、林威、戴亚真、林莹莹、魏淑华、蔡玉婷、林瑜婷、李文静、陈佳明、姜明明、林铮、黄美琴。

二年级

黄倩平、张晓洁、刘昕、邱玉萍、陈妙娟、宋妍霖、李扬、李萌、陈冠妃、黄紫璇、林海榕、吴婷、董欣。

三年级

殷霞、吴振芬、池少凡、程燕芳、王棽、司琪格、张萧洋、刘倩倩、张海燕、何静。

四年级

吴瑕、邱雨林、蒲乐洋、颜琳、游伟、张海燕、吴郑亚、陈学蓉、郑子豪、李煌。

五年级

黄莺、陈粮宜、邱雨林、陈焱、潘倩、李明霞、曾雅麟、陈雪芹、颜琳、吴梁红、黄颖俐、陈玲玲、贾俊娇。

六年级

林代尉、刘露、李洪昌、胡凯利、郑子豪、陈炜琦、阮艺蓉、付吓梅、袁艺方、陈欣、林慧、何桂云、李琳琳、黄莺。

好啦。但愿这套《跨学科语文创意作业》能伴随着同学们度过特别有意义的周末，带来语文学习与众不同的快乐。

何　捷

目录

目录

可爱的番茄

在蔬菜世界里藏着一位特别的小可爱，它既能当蔬菜吃，又能当水果吃，营养丰富，可受欢迎啦！今天，就让我们去认识这位小可爱——番茄吧！

活动过程

活动项目：观察番茄

活动场所：菜市场或者菜园里

活动时长：15 分钟

和爸爸妈妈一起看一看：番茄的样子。

尝一尝：番茄的味道。

和爸爸妈妈说一说：番茄的颜色、形状、味道是什么样的？

想一想：番茄和圣女果有什么不一样？

也可以问一问爸爸妈妈：番茄有什么营养价值？

学习过程

学习目标：

1. 能对观察周围事物产生兴趣，认识番茄。
2. 能口头表达自己的见闻和想法。

学习项目：

【项目作业一】阅读与鉴赏

和爸爸妈妈一起朗读这首有趣的童谣吧！

hài xiū de fān qié
害 羞 的 番 茄

mín jiān tóng yáo
民 间 童 谣

mì fēng wēng wēng shuō
蜜 蜂 嗡 嗡 说：

wǒ xǐ huan nǐ
“我 喜 欢 你！”

fān qié yǒu diǎn hài xiū
番茄有点害羞。

qīng wā guā guā shuō
青蛙呱呱说：
wǒ xǐ huan nǐ
“我喜欢你！”
fān qié hěn hài xiū
番茄很害羞。

xiǎo niǎo jiū jiū shuō
小鸟啾啾说：
wǒ xǐ huan nǐ
“我喜欢你！”
fān qié hài xiū de bù dé liǎo
番茄害羞得不得了，
zhěngzhāng liǎn dōu hóng le
整张脸都红了！

★好书推荐★

看一看绘本：《我绝对绝对不吃番茄》（[英]罗伦·乔尔德/著　冯臻/译）

【项目作业二】表达与交流

听爸爸妈妈讲一讲《害羞的番茄精灵》。请你听完后，把故事讲给家人、好朋友听。

害羞的番茄精灵

一天，番茄精灵带着番茄种子，高高兴兴地出门去种番茄。番茄精灵特别害羞，不敢去人多的地方，所以今天他决定去人少的大河边。

刚到河边，番茄精灵就看见一头狗熊躺在那里，一动不动。

害羞的番茄精灵小心地靠过去。他悄悄地探出脑袋看了看，看到狗熊脸色苍白，连自己引以为豪的牙齿都在流血。番茄精灵着急地说："呀，这是因为很少吃蔬菜，体内缺少维生素C才生病的。我得帮帮他，可是……"

这时，狗熊睁开眼睛，发现番茄精灵，他虚弱地问："你是谁？"番茄精灵小声地说："我……我能帮助你。"说完，番茄精灵就拿出几颗番茄种子，埋在土里，对着种子吹了一口气，说："充满维生素C的果子快快现身吧！"很快，一株株番茄秧苗从土里冒了出来，没多久就结出了一个个又大又红的番茄。

番茄精灵捧着一堆番茄跑到狗熊身边，认真地说："这里面的维生素C能治好你的病，吃完就有力气了，牙齿也不会流血了。"说完，番茄小精灵就害羞地跑开了。

狗熊慢慢地吃完了番茄。过了几天，狗熊恢复了力气，牙齿也不再流血了。他连忙跑到河边去找番茄精灵，想谢谢他。可是狗熊找了很久也没有找到番茄精灵，于是他大声喊：“小精灵，谢谢你！”番茄精灵红着脸，躲在狗熊看不见的地方，开心地说：“不用谢，记得要多吃番茄啊！番茄很神奇，你的身体很快就会好起来的，而且还会浑身充满力量！”

和爸爸妈妈聊一聊：

番茄精灵为什么能治好狗熊的病？

【项目作业三】梳理与探究

请准备几个洗净的番茄，将它们切成片，在切好的每一片番茄上撒上白糖，放入冰箱冷藏半小时就可以吃啦。跟着上面的方法试着做一做凉拌番茄。问一问爸爸妈妈味道如何，说一说自己的心情和感受。

识字补给站

1. 圈出“项目作业一”的童谣中不认识的字，试着自己拼读准确。

2. 积累和“番茄”有关的词语。

yuán gǔn gǔn　shuǐ ling ling　suān liū liū
圆滚滚　水灵灵　酸溜溜

hóng tóng tóng　xiān měi duō zhī
红彤彤　鲜美多汁

会飞的“星星”

“黑黑的天空低垂，亮亮的繁星相随。虫儿飞，虫儿飞，你在思念谁？”小朋友，你知道歌曲中唱的“虫儿”是什么吗？答对了，它就是会飞的“星星”——萤火虫，今天我们一起来认识萤火虫吧！

活动过程

活动项目：观察萤火虫

活动场所：夜晚的草丛中或树林里

活动时长：15 分钟

和爸爸妈妈一起，仔细地看一看：萤火虫的样子和发光的部位。

和爸爸妈妈说一说：萤火虫是通过什么部位发光的？

想一想：萤火虫发出一闪一灭的光，像什么？

也可以问一问爸爸妈妈：萤火虫为什么能发光？

学习过程

学习目标：

1. 能对萤火虫产生兴趣，爱护小昆虫。
2. 能大胆提问，了解感兴趣的内容。

学习项目：

【项目作业一】阅读与鉴赏

和爸爸妈妈一起朗读这首古诗吧！

yǒng yíng
咏萤

táng yú shì nán
［唐］虞世南

dí lì liú guāng xiǎo，piāo yáo ruò chì qīng。
的历流光小，飘飖弱翅轻。
kǒng wèi wú rén shí，dú zì àn zhōng míng。
恐畏无人识，独自暗中明。

★好书推荐★

看一看绘本：《萤火虫月亮》（[奥]苏莉·梅尼/著　[意]朱里安诺/绘　胡宜之/译）

【项目作业二】表达与交流

听爸爸妈妈讲一讲《囊萤夜读》。请你听完后，把故事讲给家人、好朋友听。

囊萤夜读

车胤是晋代的名臣，以博学闻名。他从小勤奋好学，但家里特别穷困，有时甚至连点灯的油都买不起。一到晚上，车胤就不能读书，为此，他非常苦恼。

一个夏天的夜晚，车胤正在院子里背一篇文章。这时，在草丛里飞来飞去的萤火虫引起了他的注意，那些小虫子身上一闪一闪的亮光多像灯光呀！他想，如果把许多萤火虫集中在一起，不就成为一盏灯了吗？于是他赶紧找来一个用白纱制成的小口袋，一口气捉了几十只萤火虫放在口袋里，再扎住袋口，把它吊起来。袋子里的萤火虫发出微弱的光，虽然不怎么明亮，但可以勉强用来看书了。车胤拿着这盏“灯”，高兴地进屋读书去了。

从此，只要有萤火虫，他就去抓一把来当作灯用。

经过长年累月的苦读，车胤终于成为一个有学问的人。

和爸爸妈妈聊一聊：

车胤是怎样读书的？

【项目作业三】梳理与探究

听一听儿童歌曲《萤火虫》，试着唱一唱，和爸爸妈妈说一说：如果你是萤火虫，你想为谁照亮道路，为什么？

识字补给站

1. 圈出“项目作业一”的古诗中不认识的字，试着自己多读几遍。

2. 积累生活中与“萤火虫”有关的词语。

náng yíng yìng xuě 囊萤映雪　xuě chuāng yíng huǒ 雪窗萤火　xuě tiān yíng xí 雪天萤席

fǔ cǎo wéi yíng 腐草为萤　yíng dēng xuě wū 萤灯雪屋

嘀嘀嗒，小喇叭

藤儿细细往上爬，爬到屋顶吹喇叭。公园里，马路边，我们常常能看见牵牛花的身影，它们盛开时就像一个个小喇叭，吸引着路人驻足观赏。

活动过程

活动项目：观察牵牛花

活动场所：公园或马路边

活动时长：15 分钟

和爸爸妈妈一起，看一看：牵牛花的样子。

闻一闻：牵牛花的气味。

和爸爸妈妈说一说：牵牛花的形状、颜色、气味是怎样的？

想一想：牵牛花的形状像什么？

也可以问一问爸爸妈妈：牵牛花有哪些别名？

学习过程

学习目标：

1. 通过观察牵牛花，对大自然里常见的野花感兴趣。
2. 培养留心观察周围事物的好习惯。

学习项目：

【项目作业一】阅读与鉴赏

和爸爸妈妈朗读这首有趣的童谣吧！

qiān niú huā
牵 牛 花

mín jiān tóng yáo
民 间 童 谣

qiān niú huā
牵 牛 花，
wǎng shàng pá
往 上 爬，

pá dào wū dǐng chuī lǎ ba
爬到屋顶吹喇叭。
dī dī dā
嘀嘀嗒，
dī dī dā
嘀嘀嗒，
shuí yuàn gēn wǒ shàng tiān shuǎ
谁愿跟我上天耍？

★好书推荐★

看一看绘本：《一粒种子的旅程：牵牛花》（[日]荒井真纪/著）

【项目作业二】表达与交流

听爸爸妈妈讲一讲《牵牛花的自述》。请你听完后，把故事讲给家人、好朋友听。

牵牛花的自述

我们是牵牛花，因为我们的外形像一个小喇叭，所以人们又叫我们“喇叭花”。我们常常穿着五彩斑斓（bān lán）的衣衫：桃红的、淡紫的、鹅黄的、瓦蓝的……要是参加花界选美比赛，我们牵牛一族肯定能包揽（bāo lǎn）冠、亚、季军。

我们喜欢早起，凌晨四点，我们伸了伸懒腰，悄悄绽开了笑脸。因为我们起得比其他花早，人们夸我们为“勤娘子”。嘻嘻（xī xī），多么真诚的赞美呀！清晨，太阳公公出山了，柔和的阳光照在我们身上，我们吹起一个个小喇叭，在阳光下展示自己美丽的身姿。一阵微风吹来，周围的空气里都裹(guǒ)上了我们的淡淡花香。小蜜蜂闻到了，“嗡嗡嗡”地飞过来，落在我们身上；蜂鸟鹰蛾也来了，你看，它们正伸出长长的喙管(huì guǎn)，采集我们的花蜜。它们一会儿盘旋在我们上方，一会儿在我们眼前飞掠，把我们的花丛装扮成活力四射的乐园。当太阳越升越高时，我们就会收起小喇叭去休息啦，蜜蜂和蜂鸟鹰蛾也跟我们一一告别，等待下一个清晨的相遇。

小朋友，要是你想和我们玩，记得早点起来找我们，千万别睡懒觉哦！

和爸爸妈妈聊一聊：

牵牛花在什么时候开放，什么时候闭合？

【项目作业三】梳理与探究

请和爸爸妈妈一起做一做“变色的牵牛花”：准备半玻璃杯白醋和半玻璃杯溶解的小苏打水，把牵牛花分别放进这两个玻璃杯中。说一说两个杯子中牵牛花颜色的变化。

识字补给站

1. 圈出“项目作业一”的童谣中不认识的字，试着自己拼读准确。

2. 积累与“花”有关的词语。

huā hóng liǔ lǜ　　chà zǐ yān hóng　　qiān zī bǎi tài
花红柳绿　姹紫嫣红　千姿百态

ē nuó duō zī　　tíng tíng yù lì
婀娜多姿　亭亭玉立

夜晚观“宝”

天空中的月亮那么可爱，那么淘气，每当夜晚来临时，才有可能和我们见面。这一次，让我们一起进行夜晚观“宝”的学习吧！

活动过程

活动项目：看月亮

活动场所：空旷处或家中阳台

活动时长：15 分钟

和爸爸妈妈一起，仔细地看一看：月亮的形状、颜色。

跟爸爸妈妈说一说：自己看到的月亮是什么颜色？什么样的？

想一想：月亮像什么？月亮里有什么？

也可以问一问爸爸妈妈：看到月亮会想起什么呢？

学习过程

学习目标：

1. 能对观察大自然产生兴趣。
2. 能展开想象，主动发问。

学习项目：

【项目作业一】阅读与鉴赏

和爸爸妈妈一起朗读这首有趣的童谣吧！

bā yuè shí wǔ zhōng qiū jié
八月十五中秋节

běi jīng tóng yáo
北京童谣

bā yuè shí wǔ zhōng qiū jié
八月十五中秋节，
yuè bing shuǐ guǒ mǎn mǎn dié
月饼水果满满碟，

rén rén shuō wǒ sān bàn zuǐ
人人说我三瓣嘴，
wǒ shuō wǒ shì dà tù yé
我说我是大兔爷。

★好书推荐★

看一看绘本：《嫦娥探月立体书》（马莉等 / 文　王晓旭 / 图）

【项目作业二】表达与交流

听爸爸妈妈讲一讲《嫦娥奔月》。请你听完后，把故事讲给家人、好朋友听。

cháng é
嫦娥奔月

很久很久以前，有一位英雄叫作后羿(yì)，他帮助人们消灭了九个太阳，让空中只留下一个太阳。从此，太阳按时升起、落下。后羿为人们带来了幸福生活，人们十分敬重他。王母娘娘也很钦佩(qīn pèi)后羿，赠(zèng)送了长生不老的药给他，只要吃下这个药，就可以升到天上当神仙，长生不老。

后羿有一位美丽、善良的妻子叫嫦娥，两人十分恩(ēn)爱。后羿舍不得离开嫦娥，独自到天上去当神仙，就把药交给了嫦娥，让她保管。

那一年的八月十五日，后羿带着徒弟们出门打猎去了，可是有一位叫逢蒙（féng méng）的徒弟却找了个借口没有一起去打猎。他心怀鬼胎，拿着宝剑偷偷地闯进了嫦娥的住所，逼迫（bī pò）嫦娥把长生不老药交给他。在紧急情况之下，嫦娥只好吞下了长生不老药。没过一会儿，嫦娥的身体变得轻飘飘的，慢慢地离开了地面，飞到了天上，最后留在了月亮上，成了神仙。

后羿听到消息后，想要去追赶嫦娥，可是怎么也追不上。他十分思念嫦娥，却只能呆呆地望着月亮。月亮又亮又圆照着自己，就像是嫦娥也在看着自己，思念着自己。

从此以后，每年的八月十五，后羿和乡亲们就会在院子里摆出嫦娥喜欢吃的食物，表示对她的思念和祝福。

和爸爸妈妈聊一聊：

故事中的嫦娥，在月亮上过着什么样的生活呢？

【项目作业三】梳理与探究

月亮上有什么？是什么样的？请展开想象，把想到的画一画。

识字补给站

1. 圈出“项目作业一”的童谣中不认识的字，试着自己拼读准确。

2. 积累和“月亮”有关的成语。

yuè hēi fēng gāo　yuè míng xīng xī　jìng huā shuǐ yuè
月黑风高　月明星稀　镜花水月

hào yuè dāng kōng　huā hǎo yuè yuán
皓月当空　花好月圆

谁知盘中餐

“锄禾日当午，汗滴禾下土。谁知盘中餐，粒粒皆辛苦。”香喷喷的大米饭谁都吃过，但是润白细腻的大米是怎么来的呢？让我们到农田里一探究竟吧！

活动过程

活动项目：观察水稻

活动场所：稻田

活动时长：15 分钟

看一看：水稻的颜色、样子。闻一闻：水稻的味道。

摸一摸：水稻摸起来是什么感觉？

和爸爸妈妈说一说：水稻的颜色、样子、味道以及触摸的感觉分别是怎样的？

想一想：稻谷是怎样变成大米的？

也可以问一问爸爸妈妈：水稻从播种到成熟需要多长时间？

学习过程

学习目标：

1. 能细心观察水稻，感受粮食来之不易。
2. 能大胆表达自己的感受。

学习项目：

【项目作业一】阅读与鉴赏

和爸爸妈妈一起朗读这首古诗吧！

sì shí tián yuán zá xìng qí jiǔ
四时田园杂兴（其九）

sòng fàn chéng dà
［宋］范成大

zū chuán mǎn zài hòu kāi cāng lì lì rú zhū bái sì shuāng
租船满载候开仓，粒粒如珠白似霜。
bù xī liǎng zhōng shū yì hú shàng yíng kāng hé bǎo ér láng
不惜两钟输一斛，尚赢糠核饱儿郎。

★好书推荐★

看一看绘本：《稻子在长大》（韩国大麦出版社/文 [韩]金是荣/图 赵岩/译）

【项目作业二】表达与交流

听爸爸妈妈讲一讲《一粒种子改变世界》。请你听完后，把故事讲给家人、好朋友听。

一粒种子改变世界

你认识袁隆平（yuán lóng píng）爷爷吗？他被誉（yù）为“杂交水稻之父”，他为水稻种植事业贡献了自己一生的力量，为中国乃至全世界粮食产量的提高做出了巨大贡献。

袁隆平爷爷年轻时就立志要研究出一种高产的水稻，让自己的所有同胞都能吃上充足的粮食。他废寝忘食（fèi qǐn wàng shí），翻阅了无数书籍，做了无数次试验，也经历了无数次的失败，但他从未放弃。

功夫不负有心人。终于，“三系杂交水稻”诞生了，水稻的亩产量整整提高了20%，这是水稻种植历史上一次巨大的跨跃！

袁爷爷依然没有停下研究的步伐，育种、栽培，水稻成长的每个细节他都亲力亲为，想方设法地为提高产量做着各种尝试，直到八十几岁他还在自己的岗位上坚持奋斗着。

和爸爸妈妈聊一聊：

袁隆平爷爷是怎么成功研究出“三系杂交水稻”的？

【项目作业三】梳理与探究

请你想一想从一粒水稻种子到饭桌上香喷喷的大米，需要经过哪些人的劳动，把你的想法跟爸爸妈妈说一说。还可以试着画一画这些过程，感受一碗白米饭的来之不易。

识字补给站

1. 圈出“项目作业一”的古诗中不认识的字，多拼读几遍。

2. 积累与“水稻”生长过程所需的劳动有关的词语。

bō zhǒng	lí tián	chā yāng	chú cǎo	shōu gē
播种	犁田	插秧	除草	收割

维生素 C 之王

“披黄衣，不用剥，小身材，酸眯眼。”小朋友，你一定猜到了这说的是柠檬。这一次，让我们一起去认识维生素 C 之王——“柠檬”吧！

活动过程

活动项目：观察柠檬

活动场所：超市、果园或家中

活动时长：15 分钟

和爸爸妈妈一起切一切柠檬，看一看它切开后的样子。

把柠檬片放进温水里泡一泡，喝一喝柠檬水。

和爸爸妈妈说一说：柠檬的果肉是什么颜色的？柠檬水闻起来是什么味道的？喝起来又是什么味道？

想一想：柠檬的果肉和哪种水果很相似？

也可以问一问爸爸妈妈：为什么柠檬那么酸？

学习过程

学习目标：

1. 能对观察柠檬感兴趣，展开想象。
2. 能对感兴趣的事物主动发问。

学习项目：

【项目作业一】阅读与鉴赏

和爸爸妈妈一起朗读这首有趣的童谣吧！

suān guǒ guo
酸果果

huáng níng méng suān guǒ guo
黄柠檬，酸果果，
qīng qīng yǎo yì kǒu
轻轻咬一口，
suān wèi mǎn shé tou
酸味满舌头。

huáng níng méng　suān guǒ guo
黄柠檬，酸果果，
héng xiàng qiē piàn hòu
横向切片后，
dāng zuò huā niǔ kòu
当作花纽扣。

★好书推荐★

看一看绘本：《好酸好酸的柠檬呀》（[日]越野民雄/文　[日]高畠纯/图　[日]猿渡静子/译）

【项目作业二】表达与交流

听爸爸妈妈讲一讲《柠檬仙子》。请你听完后，把故事讲给家人、好朋友听。

柠檬仙子

很久以前，年轻的男女们喜欢到西禅寺去烧香拜佛，祈求姻缘。

每次到寺里，他们都能看到一位漂亮的姑娘站在寺庙门旁。姑娘的个儿不高，身材苗条，常常穿着一条黄中带点绿的纱裙，总是笑盈盈的。

一天，年轻的男女们又来到西禅寺烧香拜佛，又看到那位姑娘。一位男子看得着了迷，说："这位姑娘的头发乌黑发亮，就像黑色的绸缎（chóuduàn）。"同行的姑娘连连点头，称赞道：“这姑娘走起路来就像灵活的柳枝，简直是仙女下凡！”就这样，大家你一言我一语地称赞着姑娘。姑娘听了，不好意思地红了脸，离开了西禅寺。

大家觉得这个姑娘不一般，就悄悄跟在她的后面。可是，不一会儿，姑娘就不见了。正当大家疑惑的时候，神奇的事情发生了：只见姑娘走后留了耀眼的脚印，脚印中间还长出一棵树苗。大家明白了：这位姑娘一定是下凡的仙子。于是，纷纷把这些树苗移到自家的院子里精心养护。

几年后，绿树成荫，树上挂满了黄澄澄的果实，正如那姑娘穿着的纱裙。走近一闻，果子还散发出淡淡的清香。人们就把果子摘下来试吃，味道香，但果肉实在太酸了。大家就用开水泡来喝，结果喝了心情舒畅，饭量增大。果皮用来擦手、脸，皮肤光亮、滋润。人们就把这果子叫柠檬仙果，把天上下凡的姑娘称为柠檬仙子。

和爸爸妈妈聊一聊：

故事中的柠檬树是怎么来的？

【项目作业三】梳理与探究

用不同的方式切一切柠檬，看一看柠檬片和柠檬块的纹路，画一画。说一说它们的样子有什么不同，也可以说一说它们像什么。

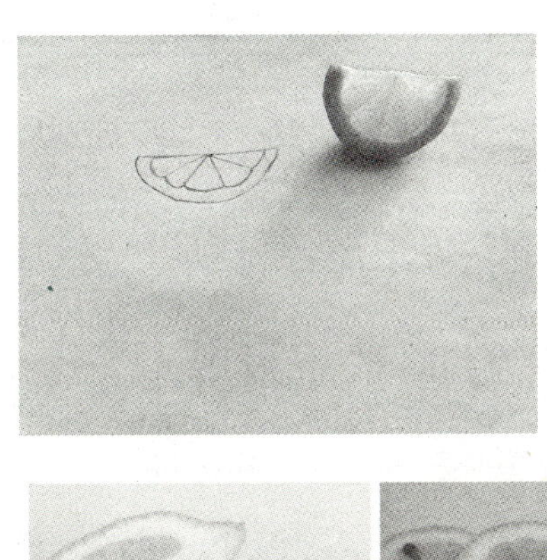

识字补给站

1. 圈出“项目作业一”的童谣中不认识的字，试着自己拼读准确。

2. 积累形容“柠檬”的成语。

qīng xiāng pū bí　nóng yù duō zhī　qìn rén xīn pí

清香扑鼻　浓郁多汁　沁人心脾

xiǎo qiǎo líng lóng　suān tián kě kǒu

小巧玲珑　酸甜可口

植物王国的“小矮人”

苔藓是自然界中十分常见的植物，是植物王国的“小矮人”，也是荒野上的“开路先锋”。这一次，让我们一起走近苔藓，去它的世界旅游吧！

活动项目：观察苔藓

活动场所：潮湿的石头边或小路上

活动时长：15 分钟

和爸爸妈妈一起，仔细看一看：苔藓的样子和生长环境。

用手摸一摸苔藓。

和爸爸妈妈说一说：苔藓的颜色、形状是什么样的生长在哪里？摸起来感觉怎么样？

想一想：苔藓是怎么长出来的？

也可以问一问爸爸妈妈：苔藓植物为什么不能长高？

学习过程

学习目标：

1. 能对观察苔藓产生兴趣。
2. 能展开想象，主动发问。

学习项目：

【项目作业一】阅读与鉴赏

和爸爸妈妈一起朗读这首有趣的古诗吧！

tái
苔

qīng yuán méi
［清］袁枚

bái rì bú dào chù， qīng chūn qià zì lái。
白日不到处，青春恰自来。

tái huā rú mǐ xiǎo， yě xué mǔ dān kāi。
苔花如米小，也学牡丹开。

★好书推荐★

看一看图书：《植物王国的小矮人——苔藓植物》（张力、左勤、洪宝莹/著）

【项目作业二】表达与交流

听爸爸妈妈讲一讲《不起眼的苔藓》。请你听完后，把故事讲给家人、好朋友听。

不起眼的苔藓（tái xiǎn）

苔藓是一种小型的植物，它被称作植物王国的小矮人，在生活中随处可见，却又最容易被人们忽略。

苔藓通常是绿色的，摸上去软软的，像棉花一样。它的繁殖（fán zhí）能力极强，一大片苔藓植物看上去就像一块绿地毯。苔藓植物之所以十分矮小，是因为它结构简单，没有维管组织，没有真正意义上的根，没有办法长距离地进行水分输（shū）送，无法长高。

苔藓生命力顽强，喜欢阴冷潮湿（cháo shī）的环境，一般生长在石头、墙壁、树干、台阶上，在潮湿的森林和沼泽（zhǎo zé）地里，我们也能够见到苔藓；有些苔藓更神奇，能够在荒漠甚至沙漠中生存。

苔藓被称为荒原上伟大的开路先锋，因为许多苔藓都能够分泌一种可以缓慢溶解岩石表面的液体，这样就可以让岩石上形成一层薄薄的土壤。苔藓还被称为“地表塑型师”，一些在湖泊和沼泽地生长的植物，它们死亡或腐烂后会下沉到水底，随着时间推移，越积越多，从而使苔藓植物不断地向湖泊和沼泽的中心生长，慢慢地，湖泊和沼泽就变成了陆地。此外，苔藓植物还具有良好的保持土壤和贮蓄水分的作用，有些苔藓植物还具有药用价值。

和爸爸妈妈聊一聊：

苔藓植物有哪些作用？

【项目作业三】梳理与探究

请和爸爸妈妈一起用手机拍一拍苔藓植物的照片，说一说它们长得像什么。

识字补给站

1. 圈出“项目作业一”的古诗中不认识的字，试着自己拼读准确。

2. 积累和“苔藓”有关的四字词语。

qīng tái huáng yè　yì tái tóng cén　róu ruǎn mián mì

青苔黄叶　异苔同岑　柔软绵密

cóng cóng cù cù　qīng cōng shī huá

丛丛簇簇　青葱湿滑

形影不离

我们都有一位好朋友，天天跟着我们走，你猜到是谁了吗？今天的活动中，让我们一起走近这位忠实的朋友——影子，一起去认识它吧！

活动过程

活动项目：观察影子

活动场所：户外空旷处（太阳能照射到的地方）

活动时长：15 分钟

在爸爸妈妈的带领下，仔细地看一看：影子的颜色、样子。

和爸爸妈妈说一说：你移动时，影子会有什么变化？当你转向不同的方向时，影子也会旋转吗？

想一想：影子是怎么来的？

也可以问一问爸爸妈妈：影子的大小从早到晚都一样吗？

学习过程

学习目标：

1. 能仔细观察影子，对影子产生兴趣。

2. 能大胆提问，了解自己感兴趣的内容。

学习项目：

【项目作业一】阅读与鉴赏

和爸爸妈妈一起一边拍手，一边朗读这首有趣的童谣吧！

xiǎo hóu zhāi táo
小猴摘桃

mín jiān tóng yáo
民间童谣

tài yang xiào　bái yún piāo
太阳笑，白云飘，
xiǎo hóu zi　qù zhāi táo
小猴子，去摘桃，

yǒu zhī hóu er jǐn gēn zhe
有只猴儿紧跟着。
tā mài bù tā tái jiǎo
它迈步，它抬脚，
tā gōng shēn tā wān yāo
它弓身，它弯腰，
tā zǒu màn tā màn zǒu
它走慢，它慢走，
tā pǎo bù tā yě pǎo
它跑步，它也跑。
là bú xià diū bú diào
落不下，丢不掉，
xiǎo hóu qì de bǎ sāi náo
小猴气得把腮挠。
tū rán xiǎo hóu zuān dòng zhōng
突然小猴钻洞中，
nà zhī hóu er bú jiàn le
那只猴儿不见了。
xiǎo hóu zi wǔ zuǐ xiào
小猴子，捂嘴笑，
zhè huí tā zài zhǎo bú dào
这回它再找不到。

★好书推荐★

看一看绘本：《影子》（[奥]海因茨·雅尼施/文　阿特姆/图　王莹/译）

【项目作业二】表达与交流

听爸爸妈妈讲一讲《甩掉影子》。请你听完后，把故事讲给家人、好朋友听。

甩掉影子

不管去哪里，我的影子总是跟着我，可真烦透了。我决定，要想办法甩掉它！

放学后，我把自己藏在围墙的阴影下，回头一看，咦，影子真的不见了，它去哪儿了呢？我悄悄探出脑袋想要找找——呀！影子也伸着脖子在找我！被找到了的我只好垂头丧气地走出来，它也大摇大摆地站到我身边，模仿我垂头丧气的样子嘲笑我。哼，等着吧，我总能想到办法把你甩掉！

我又尝试了好多办法，终于发现：即使甩不掉影子，我也有办法让它消失一会儿。比如躲在更大的影子里，因为光被遮住了，影子就会暂时消失。可是，只要被阳光照射到，影子就又会出现了。

我得意地告诉妈妈自己的发现，妈妈伸手刮了刮我的小鼻子，笑道："影子是通过光线照射产生的，光不会拐弯，只会直来直去。所以只要有不透明的物体遮挡了，光就过不去了。于是，影子就出现了。你的影子就是自己的身体遮挡了光而产生的，影子总是出现在人或物体背光的一侧。太阳公公在这一侧，影子就在那一侧。太阳公公缓缓挪，影子也会跟着移。如果你躲进光找不到的地方，影子当然就消失啦！”

我仔细回想了下，好像玻璃之类透明的物体真的就没有影子。但是妮妮、浩浩、我，还有路灯、垃圾桶……我们都有自己的影子。原来是因为调皮的光！

和爸爸妈妈聊一聊：

什么时候影子会出现？什么时候影子会藏起来？

【项目作业三】梳理与探究

请和爸爸妈妈一起做一做手影游戏，说一说：这些影子都是什么小动物？再请你用做出的影子编一编有趣的故事吧，边比画，边讲故事，一定很有意思！

识字补给站

1. 圈出“项目作业一”的童谣中不认识的字，试着自己拼读准确。

2. 积累生活中与“影子”有关的词语。

xíng yǐng bù lí　　rú yǐng suí xíng　　xíng dān yǐng zhī
形影不离　　如影随形　　形单影只

wú yǐng wú zōng　　lì gān jiàn yǐng
无影无踪　　立竿见影

尾巴秀

动物的尾巴千奇百怪，有的像长棒，有的像扫把，有的尾巴断了还可以长出来……今天咱们一起去观察动物的尾巴！

活动过程

活动项目：观察动物的尾巴

活动场所：花鸟市场或动物园

活动时长：15 分钟

和爸爸妈妈一起看一看：小动物们尾巴的长短、形状。

和爸爸妈妈说一说：小动物们的尾巴分别是什么样子的？

想一想：小动物们的尾巴为什么不一样？

也可以问一问爸爸妈妈：是不是所有小动物都有尾巴？

学习过程

学习目标：

1. 能对观察动物的尾巴产生兴趣。
2. 能展开丰富的想象，试着主动发问。

学习项目：

【项目作业一】阅读与鉴赏

和爸爸妈妈一起读一读这首有趣的童谣吧！

dòng wù de wěi ba
动物的尾巴

mín jiān tóng yáo
民间童谣

hóu zi de wěi ba xiàng shén me
猴子的尾巴像什么？
hóu zi de wěi ba xiàng shéng zi
猴子的尾巴像绳子。

xiǎo niú de wěi ba xiàng shén me
小牛的尾巴像什么？
xiǎo niú de wěi ba xiàng biān zi
小牛的尾巴像鞭子。
yàn zi de wěi ba xiàng shén me
燕子的尾巴像什么？
yàn zi de wěi ba xiàng jiǎn zi
燕子的尾巴像剪子。
kǒng què de wěi ba xiàng shén me
孔雀的尾巴像什么？
kǒng què de wěi ba xiàng shàn zi
孔雀的尾巴像扇子。
sōng shǔ de wěi ba xiàng shén me
松鼠的尾巴像什么？
sōng shǔ de wěi ba xiàng tǎn zi
松鼠的尾巴像毯子。

★好书推荐★

看一看绘本：《这样的尾巴可以做什么》（[美]史蒂夫·詹金斯/文 [美]罗宾·佩奇/图 郭恩惠/译）

【项目作业二】表达与交流

听一听爸爸妈妈讲的《动物尾巴的作用》。听完后，请把你感兴趣的动物尾巴的作用分享给家人、好朋友听。

动物尾巴的作用

你知道吗，大大小小的动物都有个尾巴。据我了解，它们的尾巴，可不是简单的摆设。不信你就来看看吧。

先说说松鼠的尾巴，它的尾巴和大多数动物的尾巴有着共同的作用，就是在它们跳跃、奔跑等运动时保持身体平衡。而松鼠尾巴细长，毛也很长，从树上往下跳时起到减速和稳定作用，听说它睡觉时，还可以舒展尾巴上的毛当被子盖，既暖和又防潮。

长颈鹿，是动物界中最高的，别看它尾巴很短，作用可真不少，当危险来临时，尾巴是传递信息、通风报信的工具。它的尾巴高高翘起，是告诉同伴危险来临，必须马上离开。

人们都说兔子尾巴长不了，尽管兔子尾巴很短，作用却很多。它在坐着的时候，可以当作保持身体不易跌倒的拐棍儿。当兔子被野兽咬到尾巴的关键时刻，使用“金蝉脱壳”计，舍掉尾巴，逃之夭夭。蜥蜴、壁虎等动物的尾巴，都有这样的功能。

动物身上的尾巴用处多多，就像人的四肢，是不可或缺的！

和爸爸妈妈聊一聊：

松鼠、长颈鹿、兔子的尾巴有什么作用？

【项目作业三】梳理与探究

你羡慕哪种小动物的尾巴？为什么呢？请说一说你的理

由。再画一画这只可爱的小动物吧！注意画出它的尾巴哦！

识字补给站

1. 圈出“项目作业一”的童谣中不认识的字，试着自己拼读准确。

2. 积累和“尾巴”有关的成语。

wèi shǒu wèi wěi 畏首畏尾　hǔ tóu shé wěi 虎头蛇尾　yáo wěi qǐ lián 摇尾乞怜

cáng tóu lù wěi 藏头露尾　yáo tóu bǎi wěi 摇头摆尾

雨的演奏

你是否听过下雨的声音，见过下雨的情形？小雨滴滴答答，大雨哗啦哗啦，不同的雨带来不同的体验。这一次，让我们一起走近这位神秘的演奏家——雨，开启“雨”的学习吧！

活动过程

活动项目：观察雨

活动场所：家中阳台或户外避雨处

活动时长：15 分钟

和爸爸妈妈一起，仔细地看一看：下雨时的场景。

听一听：下雨时，有哪些声音？

和爸爸妈妈说一说：下雨时的景物变化和你听到的声音。

想一想：下雨天你看到的场景和晴天有什么不同？

也可以问一问爸爸妈妈：下雨前，大自然会给我们哪些“预告”？

学习过程

学习目标：

1. 能留心观察，体会大自然的美好。
2. 能大胆表达自己的感受。

学习项目：

【项目作业一】阅读与鉴赏

和爸爸妈妈一起朗读这首古诗吧！

jué jù
绝句

sòng zhì nán
［宋］志南

gǔ mù yīn zhōng xì duǎn péng， zhàng lí fú wǒ guò qiáo dōng。
古木阴中系短篷，杖藜扶我过桥东。
zhān yī yù shī xìng huā yǔ， chuī miàn bù hán yáng liǔ fēng。
沾衣欲湿杏花雨，吹面不寒杨柳风。

★好书推荐★

看一看绘本：《下雨天》（[美]彼得·史比尔/著）

【项目作业二】表达与交流

听爸爸妈妈讲一讲《小水滴的旅行》。请你听完后，把故事讲给家人、好朋友听。

小水滴的旅行

灿烂的阳光洒在波光粼粼的海面上，照耀着大海妈妈和她的孩子们，暖洋洋的。小水滴忍不住探出头来，活泼的小燕子在树梢上歌唱，优雅的云姑娘在蔚蓝的天空中漫步，这一切真是太美好了！这时，他感到身体轻飘飘的就要飞起来。他大声地喊："妈妈，妈妈！"大海妈妈微笑着说："别怕，孩子。跟着太阳公公去玩玩吧，你还会回来的。"

小水滴慢慢上升，在风姐姐的拥抱中翩翩起舞。云姑娘伸出手接住了小水滴，温柔地说："孩子，陪我散散步吧。"小水滴躺在白云姑娘为他做的摇篮里，软软的，就像掉进了松松软软的棉花堆里，暖洋洋的，舒服极了。小水滴低头一看：呀，连绵不绝的山脉挺直了脊梁站立在那儿，蜿蜒曲折的河流像晶莹的丝带点缀着大地，错落有致的房屋，郁郁葱葱的田野……小水滴眼睛都不舍得眨一下，贪婪地欣赏着每一寸美景。“真想下去看看呀！太美了！”小水滴忍不住说道。云姑娘微微一笑，为他撑起一把小小的降落伞：“去吧，孩子，尽情玩耍吧。”

滴答、滴答，小水滴降落在一朵艳丽的玫瑰花上，花瓣软软的，舒服极了！花丛中的小草弟弟在雨中挺立着，娇艳的花儿们绽开笑脸迎接着小水滴。晶莹的露水在他们身上滚动着，好似珍珠在妆点着他们。正当小水滴陶醉于这番美景时，玫瑰姐姐忽然从睡梦中苏醒，一个喷嚏飞了过来，阿嚏——这个喷嚏的威力竟让他飞出了花丛，滑进了边上的小溪。他在小溪里遇见了鱼小姐和虾先生，和他们成为好朋友。他沿着小溪一路旅行，去了宽广的草原，看见了高大的树木爷爷和温柔的河马奶奶，又汇入河流。河流婶婶瞧见小水滴，笑着点点他的额头：“你这小家伙，是不是玩得都忘了妈妈啦？快跟我回家吧，不然妈妈该着急了。”说着，河流婶婶抱着他一路向东，小水滴终于又回到了大海妈妈的怀抱里。

大海妈妈亲昵地问：“怎么样，宝贝儿，这趟旅行玩得开心吗？”小水滴十分兴奋地回答：“妈妈，我见识到了好多东西呢！”大海妈妈温柔地说：“孩子，我都知道了，你的经历彩虹姑娘已经告诉过我了。”小水滴非常惊讶，他抬头一看，天空中，不知在什么时候，出现了一道绚丽无比的彩虹。

和爸爸妈妈聊一聊：

故事中的小水滴为什么能够去旅行？旅行路上都有谁帮助了他？

【项目作业三】梳理与探究

请听一听儿童歌曲《下雨歌》，再跟爸爸妈妈说一说：你在歌曲里听到的雨声是什么样的？歌曲中可能讲述了一个什么样的故事呢？请你试着编一编。

识字补给站

1. 圈出“项目作业一”的古诗中不认识的字，试着自己拼读准确。

2. 积累儿童歌曲《下雨歌》中和生活中与“下雨”有关的拟声词。

淅沥淅沥（xī lì xī lì）　哗啦哗啦（huā lā huā lā）　滴答滴答（dī dā dī dā）

唰唰（shuā shuā）　轰隆隆（hōng lōng lōng）

水中“舞蹈家”

小朋友，你知道吗，有一种动物常常穿着透明的纱裙在水中跳舞呢！这一次，让我们一起去看看水中“舞蹈家”——水母吧！

活动过程

活动项目：观察水母

活动场所：海洋馆、海底世界

活动时长：15 分钟

和爸爸妈妈一起，仔细地看一看：水母的样子。

和爸爸妈妈说一说：你见到的水母是什么颜色的？是什么形状的？

想一想：水母像什么？

也可以问一问爸爸妈妈：为什么有些水母会发光？

学习过程

学习目标：

1. 能对观察水母感兴趣，展开想象。
2. 能对感兴趣的事物主动发问。

学习项目：

【项目作业一】阅读与鉴赏

和爸爸妈妈一起朗读这首有趣的童谣吧！

wǔ cǎi sǎn
五彩伞

xiǎo shuǐ mǔ　zhēn hǎo kàn
小水母，真好看，

shēn chuān cǎi yī xiàng bǎ sǎn
身穿彩衣像把伞。

hóng yīng sǎn　lán yīng sǎn
红缨伞，蓝缨伞，

bǎ bǎ cǎi sǎn piān piān rán
把把彩伞翩翩然。
wǔ cǎi sǎn zhēn yǒng gǎn
五彩伞，真勇敢，
yù bào tiān qì tā zuì bàng
预报天气它最棒。

★好书推荐★

看一看绘本：《小水母的愿望》（[澳]苏·怀汀/文 [澳]李·克鲁普托/图 郑峥/译）

【项目作业二】表达与交流

听爸爸妈妈讲一讲《了不起的小水母》。请你听完后，把故事讲给家人、好朋友听。

了不起的小水母

天气晴朗的一天，小水母和小伙伴们在浅海区快乐地玩耍，跳着舞，唱着歌，玩得很起劲。

突然，小水母感觉到了一种微小的声音，惊叫起来：“不好了——风暴潮要来啦！”

小伙伴们疑惑地问：“这海面上风平浪静，哪来的风暴潮？”

小水母十分着急，抖动自己的触手说：“当风暴潮来临之前，空气和海水摩擦就会产生一种人类和一般动物都听不到的次声波，我的触手上有个小结，小结里面有个‘听石’能听到这种次声波，大家快躲到深海区去吧！”说完，小水母就张开“透明伞”向深海区游去。

小伙伴们听到小水母这么说，紧跟着小水母游去。

没过多久，狂风怒吼，海面巨浪滔天，风暴潮果然来了！

不一会儿，海面恢复了平静。小伙伴们纷纷感谢小水母：“小水母，谢谢你，你真是太了不起了！”

和爸爸妈妈聊一聊：

小水母是怎么知道风暴潮要来的？

【项目作业三】梳理与探究

准备纸杯、纸盘、毛线、彩带等材料，做一做手工水母，试着说一说你做的水母是什么样的，它在海里会和哪些好朋友一起玩。可以拿着你做的手工水母演一演哦！

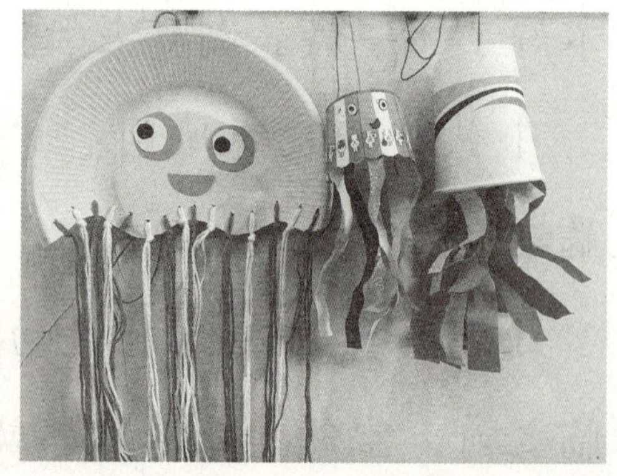

识字补给站

1. 圈出“项目作业一”的童谣中不认识的字，试着自己拼读准确。

2. 积累形容“水母”的成语。

jīng yíng tī tòu　tǐ tài qīng yíng　màn miào duō zī
晶莹剔透　体态轻盈　曼妙多姿

piān piān qǐ wǔ　rě rén lián ài
翩翩起舞　惹人怜爱

冬日“魔法师”

小魔法师天上来，冬日爱穿一身白，千姿百态真可爱，春风一吹回天外。你知道这位神奇的魔法师是谁吗？没错，它就是雪。这一次，让我们一起探寻“雪”的奥秘吧！

活动过程

活动项目：观察雪

活动场所：户外安全处

活动时长：15 分钟

和爸爸妈妈一起捧起雪捏一捏，试一试做个小雪球。

和爸爸妈妈说一说：雪捧在手里是什么感觉？

想一想：雪是怎么形成的？

也可以问一问爸爸妈妈：雪花有哪些形状？

学习过程

学习目标：

1. 能留心观察雪，感受冬季的美好。
2. 能大胆表达自己的感受，主动发问。

学习项目：

【项目作业一】阅读与鉴赏

和爸爸妈妈一起朗读这首古诗吧！

chūn xuě
春雪

táng hán yù
［唐］韩愈

xīn nián dōu wèi yǒu fāng huá， èr yuè chū jīng jiàn cǎo yá。
新年都未有芳华，二月初惊见草芽。
bái xuě què xián chūn sè wǎn， gù chuān tíng shù zuò fēi huā。
白雪却嫌春色晚，故穿庭树作飞花。

★好书推荐★

看一看绘本：《雪花人》（[美]马丁/文 [美]阿扎里安/图）

【项目作业二】表达与交流

听爸爸妈妈讲一讲《雪中送炭》。请你听完后，把故事讲给家人、好朋友听。

雪中送炭

宋太宗赵光义是宋朝的第二位皇帝，曾经和哥哥宋太祖一起打天下。他虽然贵为帝王，却深知创业不易，因此生活中很简朴，也很体恤(xù)、爱护老百姓。

有一年冬天，千里冰封，万里雪飘，天气格外寒冷。首都东京城滴水成冰，房檐(yán)垂下来的冰挂足足有一尺多长，像一把把锋利(fēng lì)的刀，让人看了就瑟瑟(sè sè)发抖。

宋太宗坐在温暖的皇宫里，穿着厚厚的袍(páo)子，烤(kǎo)着炙(zhì)热的炭火，依然觉得寒气逼人。窗外北风呼啸(hū xiào)，他想起哥哥在位时的一个冬天。当时天寒地冻，宋太祖身穿貂(diāo)皮大衣，戴着厚实的帽子，全副武装地端坐在龙椅上，而大臣们都缩着手，哆哆嗦嗦地站在地上，冷得腿脚直发抖，冻得舌头也打结。

宋太宗忍不住打了个冷颤(zhan)，心中想道：我住在舒适的皇宫中，穿着精美的衣袍，烤着温暖的炭火，喝着驱寒的美酒，但还是感觉十分寒冷，那些缺衣少食的贫苦百姓们该怎么办呢?

于是，宋太宗让大臣准备一些衣物、粮食、木炭和钱财给贫苦的百姓。大臣不敢怠慢，以最快的速度准备好东西，挨家挨户送到老百姓手中。在宋太宗的关怀下，很多穷苦的百姓安稳度过了这一年最寒冷的时节。他的善举，感动了许许多多老百姓，于是“雪中送炭”的故事就这样不胫(jìng)而走，一直流传了下来。

“雪中送炭”这个成语指下雪天给人们送炭取暖，比喻在困难或危急的时候，及时地给予别人帮助。

和爸爸妈妈聊一聊：

“雪中送炭”是什么意思?

【项目作业三】梳理与探究

请准备一张白纸，看一看下图中的步骤，试着剪一剪美丽的“雪花”，然后跟爸爸妈妈说一说你是怎么剪的，可以用上“先……再……然后……最后……”的句式。

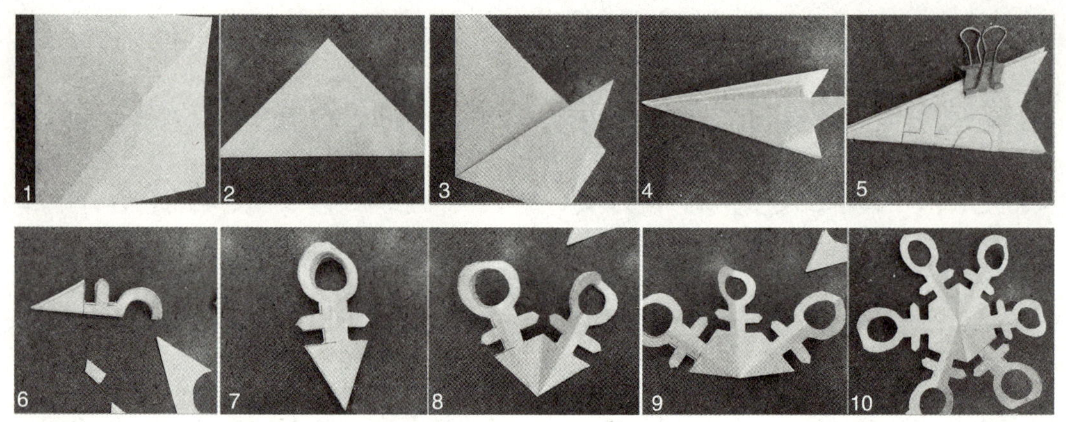

识字补给站

1. 圈出“项目作业一”的古诗中不认识的字，试着自己拼读准确。

2. 积累和“雪花”有关的成语。

bīng tiān xuě dì　é máo dà xuě　bái xuě ái ái
冰天雪地　鹅毛大雪　白雪皑皑

chéng mén lì xuě　xuě shàng jiā shuāng
程门立雪　雪上加霜

黑夜猎手

每当黑夜来临的时候，就会有一群“猎手”悄悄出动，它们单独行动，逮捕偷吃粮食的罪犯，它们就是猫！猫是人类的好帮手，它们能够帮助人们消灭老鼠，保护粮食。这次，让我们一起去观察猫吧！

活动过程

活动项目：观察猫

活动场所：猫舍或者家里有猫的同学家里

活动时长：15 分钟

和爸爸妈妈看一看：猫的样子、走路的姿态。喂一喂小猫，看看猫吃完食物后洗脸的样子。

和爸爸妈妈说一说：你看到的猫的样子，猫走路的特点。猫吃完食物后是怎么洗脸的？

想一想：小猫为什么爱洗脸？

也可以问一问爸爸妈妈：为什么猫走路的时候声音很小？

学习目标：

1. 能对观察猫感兴趣，主动提问。
2. 能大胆表达自己的想法。

学习项目：

【项目作业一】阅读与鉴赏

和爸爸妈妈一起朗读这首有趣的古诗吧！

zèng māo
赠猫

sòng　lù yóu
［宋］陆游

guǒ yán yíng dé xiǎo lí nú，jìn hù shān fáng wàn juàn shū。
裹盐迎得小狸奴，尽护山房万卷书。
cán kuì jiā pín cè xūn bó，hán wú zhān zuò shí wú yú。
惭愧家贫策勋薄，寒无毡坐食无鱼。

★好书推荐★

看一看绘本：《活了 100 万次的猫》（[日] 佐野洋子 / 著）

【项目作业二】表达与交流

听爸爸妈妈讲一讲《照猫画虎》。请你听完后，把故事讲给家人、好朋友听。

照猫画虎

清朝的时候有一个画家，叫邢三。他一直在家勤学苦练画画，十分擅长画动物，画出来的动物都栩栩如生，十分逼真。

有一回，邢三来到朋友家做客，看到了朋友家的孔雀，兴致大发，当场画了一幅孔雀开屏图。没有想到的是，院里的孔雀看了邢三画的孔雀，都纷纷围了过来，将画里的孔雀当成了真孔雀。这件事情传到了皇帝的耳朵里，皇帝当即下令，要求邢三画一幅猛虎下山图，这可难倒了邢三。

原来，邢三根本就没有见过老虎，对老虎一点也不熟悉，怎么动笔画老虎呢？画老虎又是皇帝要求的，如果画不好可是要杀头的。邢三在自家的院子里愁了好几天，也没有把猛虎下山图画出来。距离皇帝要求的时间越来越近了，邢三的头发都要愁白了。

这天，门口来了一个小和尚，想要讨一口水喝，看见邢三愁眉苦脸，于是问道："不知道施主遇见了什么问题，或许小僧能够帮一帮。"

邢三将事情告诉了小和尚，小和尚笑了笑说："这有什么难的？猫和老虎长得一样，你去找只猫来画不就行了。"

邢三说："这可不行，老虎那么大，猫那么小，这怎么画呢？"

小和尚说："无非就是猫小一点，老虎大一点，你把猫画大了不就行了。"

邢三一听，觉得是一个好办法，于是就去找了一只大黄猫，照着猫的样子画了一幅猛虎下山图，献给了皇帝。

皇帝是什么人，他可是亲眼见过老虎的。皇帝一看到邢三画的猛虎下山图，就哈哈大笑起来，说道："小小邢三画工妙，可惜居家见识少。不识猛虎真面目，只能照猫画老虎。"

和爸爸妈妈聊一聊：

故事中的邢三是怎样画老虎的呢？

【项目作业三】梳理与探究

请用逗猫棒逗一逗小猫咪吧！看一看猫的反应，再说一说逗猫时猫的动作是什么样的。

识字补给站

1.圈出“项目作业一”的古诗中不认识的字，试着自己拼读准确。

2.积累生活中形容“猫”的词语。

zhào māo huà hǔ 照猫画虎　māo kū hào zi 猫哭耗子　māo shǔ tóng mián 猫鼠同眠

zhuō shǔ ná māo 捉鼠拿猫　tōu māo dào gǒu 偷猫盗狗

小蜗牛背房子

雨过天晴，小蜗牛都出来散步啦！咦，小蜗牛为什么天天背着一个重重的“房子”呢？它不累吗？快和我们一起去认识它吧！

活动过程

活动项目：观察蜗牛

活动场所：草丛旁或花坛旁

活动时长：15 分钟

和爸爸妈妈一起，仔细地看一看：蜗牛的样子。

摸一摸：蜗牛的壳和触角。

和爸爸妈妈说一说：蜗牛是什么样子的？摸起来是什么感觉？

想一想：蜗牛的壳像什么？

也可以问一问爸爸妈妈：蜗牛喜欢吃什么？

学习过程

学习目标：

1. 能对昆虫产生兴趣，爱护小昆虫。
2. 能大胆提问，了解感兴趣的内容。

学习项目：

【项目作业一】阅读与鉴赏

和爸爸妈妈一起朗读这首古诗吧！

wō niú
蜗牛

sòng sū shì
［宋］苏轼

xīng xián bù mǎn ké, liáo zú yǐ zì rú
腥涎不满壳，聊足以自濡。
shēng gāo bù zhī huí, jìng zuò zhān bì kū
升高不知回，竟作粘壁枯。

★好书推荐★

看一看绘本：《啪嗒啪嗒蜗牛》（[日] 秋山匡 / 文、图　蒲蒲兰 / 译）

【项目作业二】表达与交流

听爸爸妈妈讲一讲《小蜗牛的家》。请你听完后，把故事讲给家人、好朋友听。

小蜗牛的家

春天来了，一只小蜗牛在草地上爬，背着大大的壳，伸着一对触角正在找吃的。

小瓢虫姐姐见了，好奇地飞过来，问："蜗牛弟弟，你背着那个漂亮的小包，是要去哪里度假呢？"小蜗牛说："瓢虫姐姐，你认错了，这不是我的包，这是我的家呀！我走到哪里，我的家就到哪里。"小瓢虫觉得很奇怪。"你的家？那你家的门在哪呢？""我的家不需要门，"小蜗牛解释道，"我有这样的一个家就足够了。"小蜗牛边说边爬开了。

小蜗牛继续往前爬着，这时一只小蚯蚓从泥土里钻了出来。小蚯蚓说："嗨，小蜗牛，你好呀。你背着一个大书包，是要去学校吗？"小蜗牛耐心地回答："这个不是我的书包，这个可是我的家呀。”小蚯蚓奇怪地问：“你的家？那么你的家里应该会有很多的地道吧？”小蜗牛边爬边说：“我的家不需要地道！”

小蜗牛继续慢慢地向前爬，突然前面出现了一群小蚂蚁，小蚂蚁们看着小蜗牛背着这么一个大家伙，感到很奇怪，纷纷围上来，问：“你好呀，你是邮递员吗？你背的袋子里面有我们的信吗？”小蜗牛回答说：“我不是邮递员，我是小蜗牛，这个也不是大袋子，这是我的家呀！”小蚂蚁睁大了眼睛，好奇地问：“什么？这是你的家？你家里有窗户吗？”小蜗牛有点不耐烦了，说：“什么窗户？我的家不需要窗户，我有一个这样的家就足够了。”

这时候，突然刮起风下起雨来，小动物们急得到处找躲雨的地方，只有小蜗牛不慌不忙，慢慢缩进自己的壳里。那可真是一个舒适、安全的家，尽管没有门、地道和窗户，可是，它能为蜗牛挡住风和雨。

和爸爸妈妈聊一聊：

小蜗牛为什么总背着个大包？还有谁也像小蜗牛一样背着个大包？

【项目作业三】梳理与探究

蜗牛的种类可多了，仔细看一看下面这三种蜗牛，读一读它们的名字，再和爸爸妈妈说一说它们各有什么不同。

tiáo huá wō niú
条华蜗牛

sàn dà wō niú
散大蜗牛

xià wēi yí wō niú
夏威夷蜗牛

识字补给站

1. 圈出“项目作业一”的古诗中不认识的字，试着自己多拼读几遍。

2. 积累生活中与“蜗牛”有关的词语。

wō xíng niú bù　wō jiǎo zhī zhēng　yíng tóu wō jiǎo
蜗行牛步　蜗角之争　蝇头蜗角

wō shè jīng fēi　wō jiǎo xū míng
蜗舍荆扉　蜗角虚名

我和小兔交朋友

我和小兔交朋友，没错，今天我们和父母走进宠物市场，与小兔子来个亲密接触吧。或许，在你与小兔子的交流中，你会爱上它。

活动过程

活动项目：观察小兔

活动场所：宠物市场

活动时长：15 分钟

和爸爸妈妈一起仔细地看一看：小兔子的样子。

和爸爸妈妈说一说：小兔子的眼睛、嘴巴、耳朵分别有什么特点？

想一想：小兔子的嘴巴为什么这么特别？

也可以问一问爸爸妈妈：小兔子的耳朵一直都是竖着的吗？

学习过程

学习目标：

1. 能仔细观察小兔子，对小兔子产生兴趣。
2. 能主动提问，乐于表达。

学习项目：

【项目作业一】阅读与鉴赏

和爸爸妈妈一起朗读这首有趣的古诗吧！

gōng cí yì bǎi shǒu jié xuǎn
宫词一百首（节选）

táng wáng jiàn
［唐］王建

xīn qiū bái tù dà yú quán， hóng ěr shuāng máo chèn cǎo mián。
新秋白兔大于拳，红耳霜毛趁草眠。

tiān zǐ bú jiào rén shè shā， yù biān zhē dào mǎ tí qián。
天子不教人射杀，玉鞭遮到马蹄前。

★好书推荐★

看一看绘本：《猜猜我有多爱你》（[爱尔兰]山姆·麦克布雷尼/文　[英]安妮塔·婕朗/图）

【项目作业二】表达与交流

听爸爸妈妈讲一讲《聪明的小兔子》。请你听完后，把故事讲给家人、好朋友听。

聪明的小兔子

一天，小熊和小兔像往常一样一起到山坡上玩，他们玩得正起劲，突然，一块大石头绊倒了小熊，“哎哟！”小熊摔得四脚朝天。小熊心想：要是不把这块大石头搬走，其他小伙伴也会被绊倒的。于是，他使出全身的力气去搬那块大石头，可是石头太重了，根本搬不动，这可把小熊难住了。

小兔过来了，跟小熊一起搬石头，可石头还是一动不动。小兔眼睛滴溜溜一转，想出了一个好主意，他对小熊说：“别急，我有个好办法，你在这儿等等我，我马上回来。”小兔急忙跑下山坡，找来一根长长的木棍，又跑回山坡上，把这根长木棍插进石头底下用力一撬，只见大石头咕噜噜从山坡滚到了山脚。

小熊见了，真是又惊讶又高兴，说：“小兔，你可真是个大力士。”小兔笑着说：“我不是什么大力士，我用的是杠杆原理，力臂越长越省力。”小熊听了，连忙竖起大拇指，说：“小兔，你真了不起。”

和爸爸妈妈聊一聊：

小兔用什么办法搬动了大石头？

【项目作业三】梳理与探究

喂一喂小兔子吃青菜，跟爸爸妈妈说一说小兔子是怎样吃东西的。

识字补给站

1. 圈出“项目作业一”的古诗中不认识的字，试着自己拼读准确。

2. 积累和“兔”有关的成语。

shǒu zhū dài tù	tù sǐ hú bēi	jiǎo tù sān kū
守株待兔	兔死狐悲	狡兔三窟
dòng rú tuō tù	jiàn tù gù quǎn	
动如脱兔	见兔顾犬	

冰的奇妙世界

冰，晶莹剔透，没有颜色，没有固定的形状。冰在我们的小手中会越来越小，多么奇妙啊！今天咱们一块玩玩冰，好好地观察观察它吧！

活动过程

活动项目：观察冰

活动场所：冰雕展、冰雪世界

活动时长：15 分钟

和爸爸妈妈一起看一看：冰的样子。

摸一摸冰。

和爸爸妈妈说一说：冰是什么样的？它摸起来是什么感觉？

想一想：你还在哪里见过冰？

也可以问一问爸爸妈妈：怎样能快速让冰变成水？

学习过程

学习目标：

1. 能对观察冰产生兴趣。
2. 能展开想象，试着主动发问。

学习项目：

【项目作业一】阅读与鉴赏

和爸爸妈妈一起读一读这首有趣的童谣吧！

bīng
冰

mín jiān tóng yáo
民间童谣

dōng tiān dào, bīng kuài duō,
冬天到，冰块多，
bīng kuài bīng kuài zhēn xī qí,
冰块冰块真稀奇，

tài yáng bú shài tā méi shì
太阳不晒它没事，
tài yáng yí shài tā kū le
太阳一晒它哭了。

★好书推荐★

看一看绘本：《企鹅寄冰》（冰波 / 著）

【项目作业二】表达与交流

听一听爸爸妈妈讲的《冰的自述》。请你听完后，把故事讲给家长、好朋友听。

冰的自述

嗨，大家好，我叫冰，因为我是水做的，所以我当然就是水的子孙了。我有许多兄弟，比如冰激凌、牛奶冰、果汁冰等。

你知道我们冰家族为什么很受人们欢迎吗？因为我们给人们带来了冰凉和欢乐。可也有些人不太欢迎我们。

夏天，我的兄弟冰激凌牺牲的最多，而人们也是骂我冰激凌兄弟最多的时候。有一次，一个小男孩一下子吃了10个冰激凌。过了几个小时，他的肚子非常疼。原来10个冰激凌为了抢地方，在他的肚子里打起来了。他的妈妈不知内情，便开口大骂冰激凌兄弟："这冰激凌真是一个害人的东西！”冰激凌委屈地噘着小嘴：“我是给你们带来冰凉的，让你们不再受炎热的炙烤，没让你们一次吃那么多呀！唉！”

冬天，我就成了玩具。孩子们常用我们滑冰，我们给他们在这寒冷的季节带来了无穷的欢乐。有一天，我来到了一个小区的湖中心。一丝晨光洒向大地，可寒冷的风，仍然让人瑟瑟发抖。这对孩子们来说好像不管用，他们以各种方式在我身上嬉戏着。有的把带来的爆竹点上火扔在我身上，差点就把我炸得粉身碎骨；有的在我身上滑起冰来，自如地伸展着胳膊；有的在打冰仗，看谁打得远，一阵阵银铃般的笑声打破了严冬的枯燥。

冰家族给人们带来了无限的快乐。但是不要忘了我们也是水的一种，也是要节约的！

和爸爸妈妈聊一聊：

冰块可以为我们带来哪些好处？

【项目作业三】梳理与探究

自己动手做一做冰：把水装进不同形状的模具中，再放入冰箱静置 3 个小时。说一说你做的冰块都有哪些造型。

识字补给站

1. 圈出“项目作业一”的童谣中不认识的字，试着自己拼读准确。

2. 积累有关“冰”的成语。

bīng tiān xuě dì 冰天雪地　bīng qīng yù jié 冰清玉洁　rú lǚ bó bīng 如履薄冰

lěng ruò bīng shuāng 冷若冰霜　bīng xuě cōng míng 冰雪聪明

有趣的狗尾草

“树丛里、墙角边、道路两旁长满了一株株有着毛茸茸“尾巴”的小草，迎着微风弯出优美的弧线。这一次，让我们一起认识“狗尾草”吧！”

活动项目：观察狗尾草

活动场所：小路两旁或墙角边

活动时长：15 分钟

和爸爸妈妈找一找狗尾草，看一看：狗尾草的样子。

摘狗尾草，放在脸上轻轻扫一扫。

和爸爸妈妈说一说：狗尾草的颜色、形状和扫在脸上的感觉。

想一想：这种植物为什么叫狗尾草？

也可以问一问爸爸妈妈：狗尾草有什么作用？

学习过程

学习目标：

1. 能留心观察，对野草感兴趣。

2. 能热爱生活、热爱生命。

学习项目：

【项目作业一】阅读与鉴赏

和爸爸妈妈一起朗读这首流传至今的古诗吧！

wáng sūn yóu
王孙游

nán běi cháo xiè tiǎo
［南北朝］谢朓

lǜ cǎo màn rú sī，zá shù hóng yīng fā。
绿草蔓如丝，杂树红英发。
wú lùn jūn bù guī，jūn guī fāng yǐ xiē。
无论君不归，君归芳已歇。

★好书推荐★

看一看绘本：《这片草地真美丽》（[奥]沃尔夫·哈兰斯/文　[奥]温弗里德·欧普吉诺斯/绘　赖雅静/译）

【项目作业二】表达与交流

听爸爸妈妈讲一讲《神农尝百草》的中国古代神话故事。请你听完后，把它讲给家人、好朋友听。

神农尝百草

神农氏本是三皇之一。有一次他见鸟儿衔种，由此发现了稻、黍、稷、麦、豆等“五谷”，还制作了农具，教人们耕种和收割。因为这些卓越的贡献，人们尊称他为“神农”。

神农遍走天下，经常看到人们得病，痛苦地等待死亡，却不知用什么草药来治疗。于是他亲自上山采药，亲口品尝各种植物的根、茎、叶、花、果，看它们是苦是甜，是寒是热，以此来辨别药性，还做了详实的记录。因为这样，他曾经一天内中毒70次，都被他那玲珑玉体内的肝肺肠给化解了。他还有一条叫作“赭鞭”的神鞭，用它来鞭打各种各样的草药，一经鞭打，草药的药性自然表现出来了。神农摸清了百草的药性，配成药方，传给后人。于是，人类有了医治病痛的办法，能更健康地生活和劳动。

可是不幸的事情还是发生了。一次，神农尝了“断肠草”，这种草有剧毒，他的肠子一截一截烂断，来不及吃解毒药，就中毒死了！这位伟大的医药之神，为了老百姓，献出了自己宝贵的生命，人们永远纪念他。

和爸爸妈妈聊一聊：

神农为人类做了哪些贡献？

【项目作业三】梳理与探究

和爸爸妈妈一起看一看图中用狗尾草编兔子的过程，自己动手做一做，最后和爸爸妈妈说一说编织过程中发生的有趣的事。

识字补给站

1. 圈出“项目作业一”的古诗中不认识的字，试着自己拼读准确。

2. 积累和“小草”有关的成语。

cǎo zhǎng yīng fēi　　lù cǎo rú yīn　　jí fēng jìn cǎo
草长莺飞　绿草如茵　疾风劲草

cǎo mù jiē bīng　　dǎ cǎo jīng shé
草木皆兵　打草惊蛇

沙漠英雄花

小朋友，你知道吗？在茫茫沙漠中，有一种植物顽强地挺立着，为沙漠增添了一抹绿意！这一次，让我们一起去看看沙漠英雄花——“仙人掌”吧！

活动过程

活动项目：观察仙人掌

活动场所：公园、植物园

活动时长：15 分钟

和爸爸妈妈一起，仔细地看一看：仙人掌的样子。

轻轻摸一摸仙人掌。

和爸爸妈妈说一说：你见到的仙人掌是什么颜色的？是什么形状的？摸起来有什么感觉？

想一想：仙人掌像什么？

也可以问一问爸爸妈妈：为什么仙人掌有很多刺？

学习过程

学习目标：

1. 能对观察仙人掌感兴趣，展开想象。
2. 能对感兴趣的事物主动发问。

学习项目：

【项目作业一】阅读与鉴赏

和爸爸妈妈一起朗读这首有趣的童谣吧！

xiān rén zhǎng
仙人掌

xiān rén zhǎng，zhēn hǎo kàn，
仙人掌，真好看，

shēn pī lǜ sè de yī shang，
身披绿色的衣裳，

jiān cì jiù zài shēn shàng zhǎng。
尖刺就在身上长。

xiān rén zhǎng zhēn yǒng gǎn
仙人掌，真勇敢，
gān hàn shā mò néng shēng zhǎng
干旱沙漠能生长，
fēng chuī rì shài zuì wán qiáng
风吹日晒最顽强。

★好书推荐★

看一看绘本:《抱抱我》([意大利]西蒙娜·奇劳洛/文、图　余治莹/译)

【项目作业二】表达与交流

听爸爸妈妈讲一讲民间故事《白族的绿宝石》。请你听完后，把故事讲给家人、好朋友听。

白族的绿宝石

很久以前，白族里有个可怜的男孩叫阿蛋。阿蛋的爸爸妈妈因为交不出地租，被地主逼得跳海死了，而他也被地主抓去当了长工，放牛抵债。

“好冷啊，我要赶快找到新鲜的草喂牛才行。”阿蛋牵着牛在雪地里走着，可是找不到半棵草给牛吃。他想到没把牛喂饱，一定会被地主毒打一顿的，不由得哭了起来。

奇怪的是，阿蛋的眼泪一掉到地上，地上就长出了一丛翠绿的青草。阿蛋又惊又喜，连忙割下草喂牛。这草好像割不完似的，一割又长了出来。

阿蛋累得睡着了，梦里出现一个白胡子老人，老人笑呵呵地对他说：“乖孩子，地下有好东西送给你，快把它挖出来吧！”醒来后，他赶紧挖啊挖，果然挖到了一块闪着五彩光芒的绿宝石。阿蛋开心地跪了下来：“感谢老天爷，感谢老天爷！”

他把绿宝石藏在怀里回了家，地主嫌阿蛋回来太晚，打了他一顿，还不给他饭吃。阿蛋把绿宝石放在空碗里玩，不一会儿就睡着了。睡梦中，他闻到一阵香味。睁开眼一看，碗里装满了可口的饭菜，怎么吃也吃不完。他想：一定是绿宝石帮了我。

后来，阿蛋用绿宝石帮助了很多和他一样的可怜人。这个消息被地主知道了，他要阿蛋把绿宝石交出来。阿蛋不肯，地主就过来抢绿宝石。阿蛋一急，就把绿宝石吞到肚子里。突然，从阿蛋的嘴里射出一道绿光，阿蛋变成了一棵长满刺的仙人掌，把地主刺伤了。

被阿蛋帮助的白族人为了纪念这位好心的少年，就把他移到院子里种了起来。

和爸爸妈妈聊一聊：

阿蛋为什么会变成仙人掌？想一想，他是怎么帮助那些可怜人的。

【项目作业三】梳理与探究

请看一看右面的步骤，准备黏土、彩色卡纸，试着做一做各式各样的仙人掌。沙漠中的仙人掌会遇到哪些朋友？它们之间会说些什么？和爸爸妈妈一起编一编故事，还可以演一演哦！

①

②

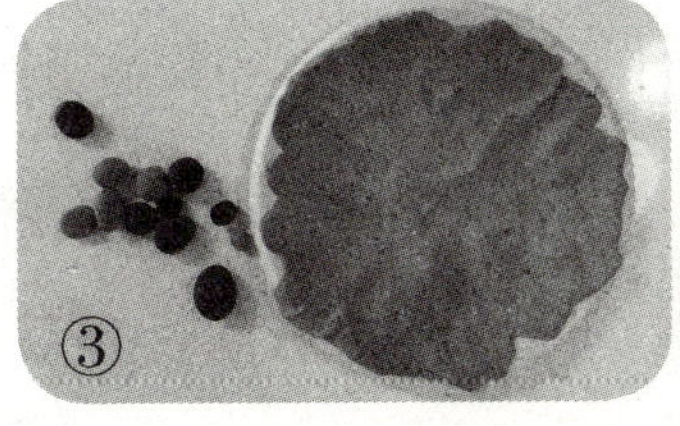
③

④

识字补给站

1. 圈出“项目作业一”的童谣中不认识的字，试着自己拼读准确。

2. 积累形容“仙人掌”的成语。

róu zhōng dài gāng 柔中带刚　cuì rú bì yù 翠如碧玉　zào xíng bié zhì 造型别致

qí mào bù yáng 其貌不扬　jiān rèn bù bá 坚韧不拔

参考答案

可爱的番茄

【项目作业二】表达与交流

因为狗熊很少吃蔬菜，体内缺乏维生素C，所以它才会生病。番茄里富含维生素C，可以治好狗熊的病。

【项目作业三】梳理与探究

能够按照上述步骤做一做凉拌番茄，问一问爸爸妈妈品尝后的感受，能感受自己动手实践的乐趣，说一说想法即可。

会飞的“星星”

【项目作业二】表达与交流

车胤把许多萤火虫集中在一起，做成一盏灯，借助萤火虫发出的微弱的光，用来读书。

【项目作业三】梳理与探究

我想为老爷爷老奶奶照亮道路。因为他们年纪大了，看不清路，我想为他们照亮道路。

我想为晚下班的妈妈照亮道路。因为妈妈天黑了才下班，很辛苦，我要为她照亮回家的道路。

（重在鼓励孩子乐于表达。）

嘀嘀嗒，小喇叭

【项目作业二】表达与交流

牵牛花在凌晨四点开放，上午十点左右闭合。

【项目作业三】梳理与探究

如果原本是两朵紫色的牵牛花，那么白醋杯里的牵牛花会变成红色，而小苏打水杯里的牵牛花会变成蓝色。

夜晚观“宝”

【项目作业二】表达与交流

答案不限，发挥想象，言之有理即可。

【项目作业三】梳理与探究

感受趣味性即可。

谁知盘中餐

【项目作业二】表达与交流

他废寝忘食地研究，翻阅了无数书籍，做了无数次试验，也经历了无数次的失败，但他从未放弃。

【项目作业三】梳理与探究

重在体验粮食的来之不易。

维生素 C 之王

【项目作业二】表达与交流

下凡的柠檬仙子走后留了耀眼的脚印，从她的脚印中长出一棵树苗。人们把树苗移到自家院子里精心养护，就结出了柠檬果。

【项目作业三】梳理与探究

纵向切开的柠檬像小船，切成薄片的柠檬像大象的花纽扣……

（重在激发想象力。）

植物王国的“小矮人”

【项目作业二】表达与交流

苔藓被称为荒原上伟大的开路先锋，可以让岩石上形成一层薄薄的土壤。苔藓还被称为“地表塑型师”，可以让湖泊和沼泽变成陆地。此外，苔藓植物还具有良好的保持土壤和贮蓄水分的作用，有些苔藓植物还具有药用价值。

【项目作业三】梳理与探究

认真观察，可以从苔藓植物的颜色、形态等展开丰富的想象，比如像小伞、手掌、星星等。

形影不离

【项目作业二】表达与交流

影子是通过光线照射产生的，所以只要有光的时候就有影子。

如果你躲进光找不到的地方，影子当然就消失了。

【项目作业三】梳理与探究

狼、狗、老鹰、兔子、大象……

（重在体会乐趣。）

尾巴秀

【项目作业二】表达与交流

松鼠尾巴的作用：保持身体平衡、减速和稳定、暖和、防潮

长颈鹿尾巴的作用：传递信息、通风报信

兔子尾巴的作用：保持身体平衡、断尾求生

【项目作业三】梳理与探究

重在趣味性。

雨的演奏

【项目作业二】表达与交流

太阳一晒，水珠就变成水蒸气上升到空中凝结成云；气温降低，云朵里的小水滴们又会降落下来，直至汇入大海。

太阳公公、风姐姐、云姑娘等帮助了他。（引导复述）

【项目作业三】梳理与探究

雨声淅沥淅沥、哗啦哗啦的。

（重在体会乐趣。）

水中“舞蹈家”

【项目作业二】表达与交流

当风暴潮来临之前，空气和海水摩擦就会产生一种人类和一般动物都听不到的次声波，水母的触手上有个小结，小结里面有个“听石”能听到这种次声波。

【项目作业三】梳理与探究

重在激发想象力。

冬日“魔法师”

【项目作业二】表达与交流

“雪中送炭”这个成语指下雪天给人们送炭取暖，比喻在困难或危急的时候，及时地给予别人帮助。

【项目作业三】梳理与探究

首先，我把手工纸沿对角线对折，折成一个大三角形，再沿中线对折，折成一个小三角形，然后再对折两次。接着我在折好的纸上画上图样，用剪刀沿着画好的线剪下多余的地方。最后，将剪好的纸小心翼翼地打开，一张美丽的雪花剪纸就完成了。

黑夜猎手

【项目作业二】表达与交流

故事中的邢三是照着猫的样子画老虎的。

【项目作业三】梳理与探究

小猫先是趴在地上，眼睛盯着逗猫棒，然后扑上来，用爪子钩住逗猫棒，最后用牙齿将逗猫棒紧紧地咬住。（重在体会乐趣。）

小蜗牛背房子

【项目作业二】表达与交流

因为这是小蜗牛的家，小蜗牛的家可以为它挡住风和雨。小乌龟也像小蜗牛一样背着个大包。

【项目作业三】梳理与探究

条华蜗牛的壳扁扁的、圆圆的，壳上还有一条红褐色的色带环绕。

散大蜗牛的壳呈淡黄褐色，有多条深褐色带，表面有黄褐色斑点。

夏威夷蜗牛的壳像田螺，且十分光滑、有光泽，有条纹状花纹，颜色很鲜艳。

（重在孩子个人的体验。）

我和小兔交朋友

【项目作业二】表达与交流

小兔急忙跑下山坡，找来一根长长的木棍，又跑回山坡上，把这根长木棍插进石头底下用力一撬，只见大石头咕噜噜从山坡滚到了山脚。

【项目作业三】梳理与探究

兔子吃东西的时候，嘴巴一噘一噘的，把菜叶拽到自己的嘴巴里，然后大嚼起来。吃胡萝卜的时候是啃着吃，可以看到两颗洁白的板牙，有的时候，两个前爪还会扶着胡萝卜。

冰的奇妙世界

【项目作业二】表达与交流

冰在夏天可以消暑降温。我们在冬天可以滑冰、打冰仗。

【项目作业三】梳理与探究

旨在激发学生对观察冰产生兴趣。

有趣的狗尾草

【项目作业二】表达与交流

神农发现了稻、黍、稷、麦、豆等“五谷”，还制作了农具，教人们耕种和收割；同时，为了人类的健康，尝百草，辨药性，最终献出了宝贵的生命。

【项目作业三】梳理与探究

重在体验乐趣。

沙漠英雄花

【项目作业二】表达与交流

因为地主要抢阿蛋的绿宝石，阿蛋一急，就把有魔法的绿宝石吞进了肚子里，所以他变成了仙人掌。

他是这样帮助那些可怜人的，比如，他把绿宝石放进米缸里，米缸里的米就源源不断地冒出来。（重在激发想象力。）

【项目作业三】梳理与探究

重在激发想象力。

跨学科
语文
创意作业1

主　　编：何　捷
副 主 编：谢晓丽
执行主编：林　威　文小荷
插画绘制：林　威

下册

山东城市出版传媒集团·济南出版社

图书在版编目（CIP）数据

跨学科语文创意作业 . 1 / 何捷主编 . -- 济南 : 济南出版社 , 2022.8

ISBN 978-7-5488-5176-9

Ⅰ . ①跨… Ⅱ . ①何… Ⅲ . ①小学语文课—教学参考资料 Ⅳ . ① G624.203

中国版本图书馆 CIP 数据核字（2022）第 139721 号

跨学科语文创意作业 1 下册　　何 捷 主编

出 版 人：田俊林
图书策划：李圣红　董慧慧
责任编辑：董慧慧　陶　静
封面设计：八　牛
插画绘制：林　威
版式设计：张　倩
内文排版：刘欢欢
出版发行：济南出版社
地　　址：济南市二环南路 1 号
邮　　编：250002
印　　刷：济南新先锋彩印有限公司
成品尺寸：185mm × 260mm　16 开
印　　张：13
字　　数：108 千
版　　次：2022 年 8 月第 1 版
印　　次：2022 年 10 月第 1 次印刷
书　　号：ISBN978-7-5488-5176-9
定　　价：39.00 元（上下册）

目录

目录

害羞的“小姑娘”

有个小姑娘，身穿绿衣裳，碰她就低头，一副害羞样。小朋友们，你们知道这个害羞的小姑娘是谁吗？聪明的你们一定都猜到了，没错，她就是含羞草。今天我们一起来认识这位“小姑娘”吧。

活动过程

活动项目：观察含羞草

活动场所：院子里或花园里

活动时长：15 分钟

和爸爸妈妈一起，仔细地看一看：含羞草的花、叶子和茎的样子。摸一摸叶子。

和爸爸妈妈说一说：含羞草的花、叶子和茎的样子。含羞草被触摸后发生了什么变化？

想一想：含羞草为什么会有这样的变化？

也可以问一问爸爸妈妈：大自然中还有哪些特别的植物？

学习目标：

1. 能对植物产生兴趣，喜欢观察身边的植物。

2. 能展开合理想象并大胆提问，感受身边的美好事物。

学习项目：

【项目作业一】阅读与鉴赏

和爸爸妈妈一起朗读这首古诗吧！

hán xiū cǎo
含 羞 草

qīng zhāng ruò lóng
［清］张若霳

xuān huā zì xī kě wàng yōu，xiǎo cǎo rú hé què jiě chóu。
萱花自昔可忘忧，小草如何却解愁。

wèi yǔ shì rén xiū guài chà，fēng qíng tài shèn yào hán xiū。
为语世人休怪诧，风情太甚要含羞。

★好书推荐★

看一看绘本：《我不要当棵含羞草》（贺道蓉 / 文 蔡慈媛 / 图）

【项目作业二】表达与交流

听爸爸妈妈讲一讲《含羞草》。请你听完后，把故事讲给家人、好朋友听。

含羞草

很久很久以前，含羞草并不叫含羞草，而是叫得意草。因为她穿着一身绿油油的小裙子，披着美丽的长发，显得格外引人注目。主人常常把她放在客厅里供人欣赏，时间一长，含羞草就自我得意起来，因此人们叫她得意草。

为什么她这样得意呢？因为她觉得自己是世界上最美的花，谁都比不上她，就连她身边的梅花她都看不上。

有一天，她对梅花说："梅花呀梅花，你看看你自己，一身光秃秃的，多难看啊！我真不明白，主人为什么把你放在我身边，简直是拉低了我的身份。"梅花耐心地说："得意草姐姐，一个人的外表并不重要，重要的是内心，我们都有一颗坚强的内心。"含羞草瞪了梅花一眼，说："谁是你姐姐？我才没有你这么丑的妹妹！快离我远点儿。"

说完就不理梅花了。

转眼间，秋天过去了，冬天到来了，梅花竟然悄悄地开放了。得意草看到更生气了，瞪着眼说：“别以为你现在变漂亮了，主人就会喜欢你。我告诉你，过不了几天，你又会变得光秃秃的，我就会叫主人把你赶出去！”主人听到了，摸摸得意草说：“得意草，你在得意什么啊？要知道你们各有优点和缺点。”得意草听了，把叶子收了起来，弯下身子，说：“主人，我知道错了，我太惭愧了。”

从此，人们一碰得意草，她就羞愧地收起叶子，低下自己的头。于是，不知从哪天起，人们不再叫她得意草，而是叫她含羞草了。

和爸爸妈妈聊一聊：

最早的时候，含羞草叫什么名字？为什么后来叫含羞草？

【项目作业三】梳理与探究

和爸爸妈妈做一做：请你对着含羞草敲鼓、击掌或大声播放音乐；用扇子扇，用风扇吹；用手电筒照，把含羞草搬到阳光下或搬到黑暗的地方。再说一说你看到的变化：声音、风、光可以让含羞草的叶子合起来吗？

识字补给站

1. 圈出“项目作业一”的古诗中不认识的字，试着自己拼读准确。

2. 积累生活中与“含羞草”有关的词语。

chén yú luò yàn　bì yuè xiū huā　yān shì mèi xíng
沉鱼落雁　闭月羞花　烟视媚行

xiū rén dā dā　hán qíng mò mò
羞人答答　含情脉脉

田园小卫士

“一位游泳家，说话呱呱呱，小时有尾没有脚，大时有脚没有尾。”知道这个游泳家是谁吗？对啦！就是青蛙。今天我们一起踏上“田园小卫士”的学习之旅吧！

活动过程

活动项目：观察青蛙

活动场所：乡下稻田或小区池塘

活动时长：15 分钟

和爸爸妈妈一起，认真地看一看：青蛙的样子。

听一听：青蛙的叫声。

和爸爸妈妈说一说：青蛙长什么样子？它的叫声有什么特点？

想一想：青蛙喜欢吃什么？

也可以问一问爸爸妈妈：青蛙会在哪里捉害虫？我们该怎么保护它？

学习过程

学习目标：

1. 能留心观察，了解青蛙。
2. 能展开想象，能主动发问。

学习项目：

【项目作业一】阅读与鉴赏

和爸爸妈妈一起朗读这首古诗词吧！

xī jiāng yuè yè xíng huáng shā dào zhōng
西江月·夜行黄沙道中

sòng xīn qì jí
［宋］辛弃疾

míng yuè bié zhī jīng què， qīng fēng bàn yè míng chán。
明月别枝惊鹊，清风半夜鸣蝉。
dào huā xiāng lǐ shuō fēng nián， tīng qǔ wā shēng yí piàn。
稻花香里说丰年，听取蛙声一片。

qī bā gè xīng tiān wài　liǎng sān diǎn yǔ shān qián
七八个星天外，两三点雨山前。
jiù shí máo diàn shè lín biān　lù zhuǎn xī qiáo hū xiàn
旧时茅店社林边，路转溪桥忽见。

★好书推荐★

看一看绘本：《大嘴巴青蛙》（[法]艾洛蒂·努恩/著　[法]弗朗西娜·维达尔/图　戴磊/译）

【项目作业二】表达与交流

听爸爸妈妈讲一讲《青蛙的遭遇》。请你听完后，把这个故事讲给家人、好朋友听。

青蛙的遭遇

小溪边住着一只活泼可爱的青蛙“田田”。它全身穿着浅绿色的外衣，围着一块雪白色的“肚兜”。三角形的头上鼓着两只圆圆的大眼睛，还有一张能发出洪亮声音的宽嘴巴。田田经常在迷人的夏夜中开演唱会，唱着夏天的赞歌，人称“荷叶上的歌唱家”。

田田是个肉食主义者。每天天刚亮，田田就守在稻田里目不转睛地盯着稻子，一有害虫飞来，它便伸出长长的红舌头，把害虫迅速送到自己的嘴里。它一天能捕捉70多只害虫，大家都夸它是“捉虫能手”。当它吃饱了，它就会到溪水中游泳、健身。

可是有一天，人们打破了田田平静而美好的生活。几个人划着小船，好像是在小溪中寻找什么东西。忽然，他们看见田田和它的伙伴们在水中嬉戏，于是两眼放光，立即用网将它们一网打尽。田田跟伙伴们拼命挣扎，好不容易在网上抓出了一个小洞。大家都挤着出去，田田个子小，挤着挤着就钻出去了，可有的伙伴个子大，怎么也钻不出来，田田只好伤心地回家去了。

回家的路上，田田心里很难过，它不明白，它们每天都在为人们做贡献，为什么人们还要捕捉它们呢？

和爸爸妈妈聊一聊：

如果你也在现场，你会阻止人们的行为吗？你会对这些人说些什么呢？

【项目作业三】梳理与探究

准备一张纸，请你和爸爸妈妈照着步骤图，动手折一折“会跳的青蛙”。跟爸爸妈妈比一比谁折的青蛙跳得最远，说一说爸爸妈妈跟你比赛时候的表情变化，问一问他们比赛时的感受吧！

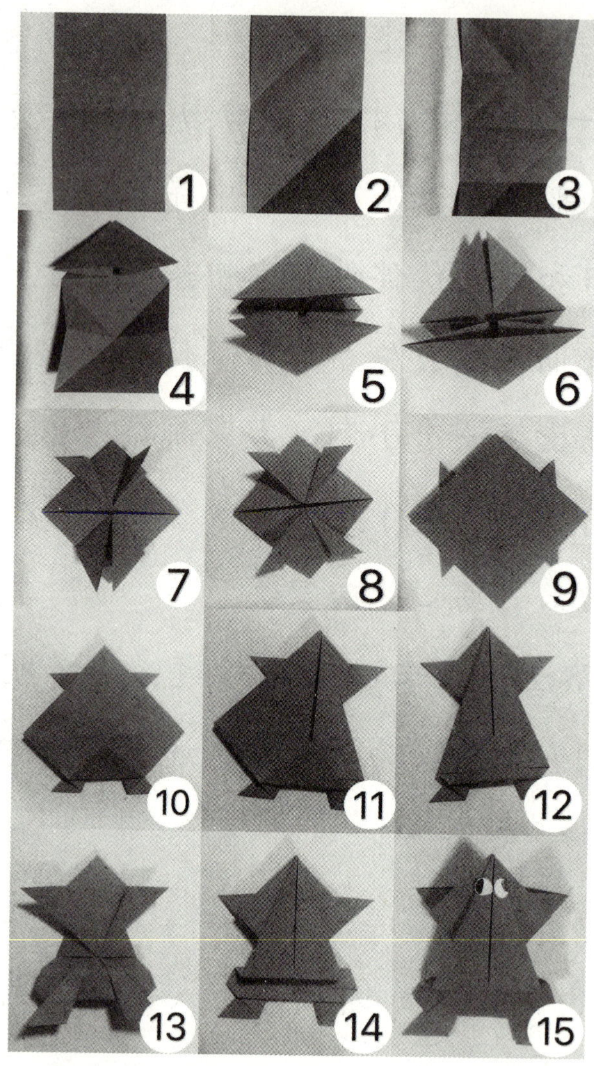

识字补给站

1. 圈出“项目作业一”的古诗词中不认识的字，试着自己拼读准确。

2. 积累和“蛙”有关的词语。

蛙(wā)鸣(míng)狗(gǒu)吠(fèi)　管(guǎn)窥(kuī)蛙(wā)见(jiàn)　蛙(wā)鼓(gǔ)蝉(chán)鸣(míng)

井(jǐng)底(dǐ)之(zhī)蛙(wā)　井(jǐng)蛙(wā)之(zhī)见(jiàn)

土壤探秘

广袤的土地上，生长着粗壮的大树，盛开着迷人的野花，多美呀！小朋友，你了解过孕育出生机勃勃的植物的土壤吗？快来一起土壤探秘吧！

活动过程

活动项目：观察土壤

活动场所：小区或公园

活动时长：15 分钟

和爸爸妈妈一起，仔细地看一看：不同地方土壤的颜色。

捏一捏：感受不同土壤的软硬程度。

和爸爸妈妈说一说：土壤有哪些颜色？什么样的土壤软？什么样的土壤硬？

想一想：土壤的软硬程度跟什么有关？

也可以问一问爸爸妈妈：哪一种土壤更适合植物的生长？

学习目标：

1. 能仔细观察土壤，对土壤产生兴趣。
2. 能大胆提问，了解感兴趣的内容。

学习项目：

【项目作业一】阅读与鉴赏

和爸爸妈妈一起一边拍手，一边朗读这首古诗吧！

屯田词（tún tián cí）

［唐］戴叔（táng dài shū）

春来耕田遍沙碛，老稚欣欣种禾麦。（chūn lái gēng tián biàn shā qì, lǎo zhì xīn xīn zhòng hé mài.）

麦苗渐长天苦晴，土干确确锄不得。（mài miáo jiàn cháng tiān kǔ qíng, tǔ gān què què chú bù dé.）

xīn hé wèi shú fēi huáng zhì　qīng miáo shí jìn yú kū jīng
新禾未熟飞蝗至，青苗食尽馀枯茎。
bǔ huáng guī lái shǒu kōng wū　náng wú cùn bó píng wú sù
捕蝗归来守空屋，囊无寸帛瓶无粟。
shí yuè yí tún lái xiàng chéng　guān jiào qù fá nán shān mù
十月移屯来向城，官教去伐南山木。
qū niú jià chē rù shān qù　shuāng zhòng cǎo kū niú dòng sǐ
驱牛驾车入山去，霜重草枯牛冻死。
jiān xīn lì jìn shuí dé zhī　wàng duàn tiān nán lèi rú yǔ
艰辛历尽谁得知，望断天南泪如雨。

★好书推荐★

看一看绘本:《神奇的土壤》(蔡祖聪/文　张宁阳/图)

【项目作业二】表达与交流

听爸爸妈妈讲一讲《土壤的声音》。请你听完后，把这个故事讲给家人、好朋友听。

土壤的声音

大家好，我是人见人爱的土壤妈妈。大家应该对我很熟悉了，我能够让万物生长。如果有一颗健康的种子钻到我的身上，我会把我身体蕴藏的水分和营养都输送给它，让它长大，或开花，或结果。你们也常常夸我很伟大。

可是，你们知道吗，我也跟人类一样，也会生病。现在，我的身体已经开始痛了，而且一天比一天痛得厉害了。这是为什么呢？我天生有着强大的净化系统和自我恢复系统，我可以把一些垃圾和树叶转换成营养丰富的肥料，滋润万物。可是，现在人类把很难分解的塑料袋和有害的物质也扔在我身上；工厂也把污水排在我身上，我的净化系统根本净化不了那么多的垃圾。你们把我当成垃圾场，使我的身体越来越痛，连我孕育出的果实也是不健康的。

请你们答应我：出门尽量少用塑料袋；在生活中，要合理地进行垃圾分类；别把废电池等有害垃圾、化工厂污水往我身上放。只有采取这样的环保行动，才能使我的身体好转，减轻病痛。我相信我有一天会重返生机，让我的身体为人类、为世界创造美好的未来。

和爸爸妈妈聊一聊：

土壤妈妈为什么生病、身体开始痛了？我们应该怎么保护她？

【项目作业三】梳理与探究

请和爸爸妈妈听一听儿童歌曲《泥娃娃》，再一起挖一盆土壤，在土壤里加点水和一和，试着捏一捏泥人或你喜欢的小泥塑。说一说：你都制作了哪些有创意的泥塑作品？能给你的泥塑作品编一编小故事吗？

识字补给站

1. 圈出“项目作业一”的古诗中不认识的字，试着自己拼读准确。

2. 积累生活中与“土”有关的词语。

tǔ shēng tǔ zhǎng 土生土长　shuǐ tǔ bù fú 水土不服　chén tǔ fēi yáng 尘土飞扬

fēng tǔ rén qíng 风土人情　tǔ bēng wǎ jiě 土崩瓦解

谢谢你，太阳公公

有了太阳公公，花草树木蓬勃生长，小朋友们也可以到室外开心地玩耍，地球也有了源源不断的能源。太阳公公如此伟大，它还有什么功能是我们不知道的呢？这一次，让我们一起进行“谢谢你，太阳公公”的学习吧！

活动过程

活动项目：观察太阳

活动场所：户外空旷处

活动时长：15 分钟

把黑色和白色的卡纸同时放在太阳光底下晒一晒。五分钟后用手摸一摸两张卡纸。

和爸爸妈妈说一说：两张卡纸摸上去有什么不同的感觉？

想一想：为什么会有不同的感觉？

也可以问一问爸爸妈妈：太阳光在生活中有哪些功能？

学习过程

学习目标：

1. 观察太阳，表达观察所得。

2. 能展开想象，能主动发问。

学习项目：

【项目作业一】阅读与鉴赏

和爸爸妈妈一起朗读这首古诗吧！

yǒng chū rì
咏初日

sòng zhào kuāng yìn
[宋]赵匡胤

tài yáng chū chū guāng hè hè，qiān shān wàn shān rú huǒ fā。
太阳初出光赫赫，千山万山如火发。

yì lún qǐng kè shàng tiān qú，zhú tuì qún xīng yǔ cán yuè。
一轮顷刻上天衢，逐退群星与残月。

★好书推荐★

看一看绘本：《谢谢你，太阳公公》（[韩]流星雨/文 [韩]李敏静/图 韩龙浩/译）

【项目作业二】表达与交流

听爸爸妈妈讲一讲《太阳的光影跳跳》。请你听完后，把这个故事讲给家人、好朋友听。

太阳的光影跳跳（节选）

[丹麦]安徒生

“我是太阳的光影！大家都叫我‘跳跳’！啦呀！啦呀！啦呀啦！”

光影边在墙上跳跃，边唱起自己快乐的歌谣。当然，如果没有太阳，也就不会有它。

这时，光影看到床上有一个生病的小女孩。

“我是太阳的光影！大家都叫我‘跳跳’！啦呀！啦呀！啦呀啦！”

“你能坐到我的手上来吗？”女孩问。

“当然能！”于是，太阳光一掠就来到了她的手掌上。女孩开始捕捉它。而它——跳跃着。它越是飞快地跳跃，女孩越是快乐地笑。

“你到我这儿来有多么好啊！”她说，“请你和我在一起，一直待到妈妈回来。”

“当然可以。”光影表示同意，接着又开始跳跃并唱起自己快乐的歌谣，女孩则笑着鼓掌。

“如果你能和我一起待到夜里，那我就完全康复了。”女孩说。

“我很愿意和你一起待到夜里，但是太阳一开始落山，我就必须赶快随着它的最后一缕光回家去。否则我将会消失，一去不复返，就像这世界上从来没有过我似的。”太阳的光影本可以这样回答女孩，但它没有这么说，而是想了想，向她说道：

“当然，你愿意和我一起待多久，我就待多久，只要你快点康复！”说着，它不仅在墙上，而且在天花板上跳跃起来。而且女孩笑得越响，它便跳得越快，并越加快乐地唱着自己的歌谣。

在太阳落山以前，他们就一直这样玩。

“你该回家了，”太阳温柔地对它的光影说，“马上要晚上了。假如你不赶快走，就来不及了，会消失的。”

“但是如果女孩还没康复的话，我怎能走掉呢？”

于是，太阳的光影留了下来……

和爸爸妈妈聊一聊：

光影跳跳为什么要选择留下来陪在女孩身边？

【项目作业三】梳理与探究

用镜子对着阳光照一照，说一说：你发现了什么？你想把阳光带到什么地方？请你画一画那个地方，再画一个可爱的太阳吧！

1. 圈出“项目作业一”的古诗中不认识的字，试着自己拼读准确。

2. 积累和“太阳”有关的成语。

jiāo yáng sì huǒ　xù rì dōng shēng　liè rì yán yán
骄阳似火　旭日东升　烈日炎炎

rì shàng sān gān　rì fù yí rì
日上三竿　日复一日

雄鸡一唱天下白

天快亮了，勤劳的大公鸡放开嗓子喔喔叫，好像在说：“天亮啦，大家赶紧起床，开始劳动啦！”我们一起来认识这勤劳的公鸡吧！

活动项目：观察公鸡

活动场所：院子里或鸡窝旁

活动时长：15 分钟

和爸爸妈妈一起，仔细地看一看：公鸡的样子。

和爸爸妈妈说一说：公鸡长什么样？各个部位像什么？

想一想：公鸡为什么会打鸣？

也可以问一问爸爸妈妈：公鸡为什么喜欢在沙土里滚来滚去？

学习过程

学习目标：

1. 能对公鸡产生兴趣，爱护公鸡。
2. 能大胆提问，了解感兴趣的内容。

学习项目：

【项目作业一】阅读与鉴赏

和爸爸妈妈一起朗读这首古诗吧！

jī
鸡

sòng zhāng jì xiān
［宋］张继先

jī dé líng jū wǔ，é guān fèng cǎi xīn。
鸡德灵居五，峨冠凤彩新。

wǔ gēng dà zhāng kǒu，huàn xǐng mèng zhōng rén。
五更大张口，唤醒梦中人。

★好书推荐★

看一看绘本：《公鸡的新邻居》（[日]岸良真由子/著 [日]高畠纯/图 彭懿/译）

【项目作业二】表达与交流

听爸爸妈妈讲一讲《闻鸡起舞》。请你听完后，把这个故事讲给家人、好朋友听。

闻鸡起舞

晋代的祖逖是个胸怀坦荡、具有远大抱负的人。可他小时候却是个不爱读书的淘气孩子。

进入青年时代，祖逖意识到自己知识的贫乏，深感不读书无以报效国家，于是就发奋读起书来。他广泛阅读书籍，认真学习历史，从中汲取了丰富的知识，学问大有长进。他曾几次进出京都洛阳，接触过他的人都说，祖逖是个能辅佐帝王治理国家的人才。祖逖24岁的时候，曾有人推荐他去做官，他没有答应，仍然不懈地努力读书。

后来，祖逖和幼时的好友刘琨一起担任司州主簿。他与刘琨感情深厚，不仅常常同床而卧，同被而眠，而且还有着共同的远大理想：建功立业，复兴晋国，成为国家的栋梁之才。一次，半夜里祖逖在睡梦中听到公鸡的鸣叫声，他一脚把刘琨踢醒，对他说：“别人都认为半夜听见鸡叫不吉利，我偏不这样想，咱们干脆以后听见鸡叫就起床练剑如何？”刘琨欣然同意。于是他们每天鸡叫后就起床练剑，剑光飞舞，剑声铿锵。春去冬来，寒来暑往，从不间断。

功夫不负有心人，经过长期的刻苦学习和训练，他们终于成为能文能武的全才，既能写得一手好文章，又能带兵打胜仗。祖逖被封为镇西将军，实现了他报效国家的愿望；刘琨做了都督，兼管并、冀、幽三州的军事，也充分发挥了他的文才武略。

和爸爸妈妈聊一聊：

祖逖是怎样发奋读书的？闻鸡起舞是什么意思？

【项目作业三】梳理与探究

请你准备超轻黏土、卡纸、双面胶、水彩笔，先看一看下面的贴画，再试着做一做：先把卡纸剪成圆形或者椭圆形，再用水彩笔画一画公鸡，贴上眼睛，用超轻黏土做出公鸡的鸡冠和嘴巴。看，小公鸡做好了。和爸爸妈妈说一说：这三只公鸡会发生什么有趣的故事？

识字补给站

1. 圈出“项目作业一”的古诗中不认识的字，试着自己拼读准确。

2. 积累生活中与“鸡”有关的词语。

wén jī qǐ wǔ　jī quǎn bù níng　jī fēi dàn dǎ
闻鸡起舞　鸡犬不宁　鸡飞蛋打

jī máo suàn pí　jīn jī dú lì
鸡毛蒜皮　金鸡独立

你好，鸡蛋

“尖尖脑袋圆圆肚，母鸡身体藏得多。咯嗒咯嗒屁股落，孵出小鸡真可爱。”今天就让我们一起来认识既好吃又有用的鸡蛋。

活动项目：观察鸡蛋

活动场所：农场鸡窝等

活动时长：15 分钟

仔细看一看鸡蛋的外壳；再摸一摸鸡蛋；最后敲开它，把鸡蛋液倒进碗里闻一闻。

和爸爸妈妈说一说：鸡蛋是什么样子的？外壳上有什么？鸡蛋液是什么味道？

想一想：鸡蛋壳上的小孔隙有什么作用？

也可以问一问爸爸妈妈：鸡蛋是怎么孵出小鸡的？

学习过程

学习目标：

1. 能对观察鸡蛋感兴趣。
2. 能乐于表达想法，了解自己感兴趣的内容。

学习项目：

【项目作业一】阅读与鉴赏

和爸爸妈妈一起朗读这首有趣的古诗吧！

cuī zōng wén shù jī zhà jié xuǎn
催宗文树鸡栅（节选）

táng dù fǔ
［唐］杜甫

wú shuāi qiè xíng mài lǚ cì zhǎn bēng pò
吾衰怯行迈，旅次展崩迫。
yù fēng chuán wū jī qiū luǎn fāng màn chī
愈风传乌鸡，秋卵方漫吃。

zì chūn shēngchéng zhě　suí mǔ xiàng bǎi hé
自春生成者，随母向百翮。
qū chèn zhì bú jīn　xuān hū shān yāo zhái
驱趁制不禁，喧呼山腰宅。

★好书推荐★

看一看绘本：《你好，鸡蛋哥哥》（[日]秋山匡/文、图　小然/译）

【项目作业二】表达与交流

和爸爸妈妈一起读一读《哥伦布立鸡蛋》，试着把这个故事分享给同学或者好朋友。

哥伦布立鸡蛋

哥伦布是世界上著名的航海家。1492年，他发现了新大陆，这消息一传回西班牙，举国兴奋。

凯旋后，西班牙皇室为他举行庆功宴，大部分官员都不断地对哥伦布说着恭维的话。但是有一位大臣不服气地说："任何一个人坐上船去航行，都一定能到达大西洋的对岸，也一定能发现新大陆，这不过就是瞎猫碰到死耗子的事情，有什么稀奇，有什么值得大家大惊小怪的！"此话一出，全场震惊，震惊之余却有几个大臣也在一旁附和。

大家纷纷把目光投向哥伦布，挑事的官员此时正为自己的言行洋洋得意，大家都想知道哥伦布如何为自己辩解。可是哥伦布却一声不吭，稳如泰山，这可急坏了他身边的朋友，纷纷埋怨他有如此壮举怎么不赶快为自己辩解。看到哥伦布一副不敢回应的样子，挑事的官员更趾高气扬起来，现场质疑的声音更多了。

哥伦布不慌不忙，酒足饭饱后吩咐仆役从厨房拿来几个熟鸡蛋，对全场的官员说："我请大家来玩个游戏，看看谁能将鸡蛋竖立在桌子上。""这有什么难的？卖的是什么关子！"又有官员开始嘲讽起来。可是椭圆的鸡蛋滑溜溜的，无论官员们多么小心翼翼，还是无法将鸡蛋竖起来。挑事的官员又发话了："鸡蛋根本不可能竖立在桌子上！这是不可能的事情！"话音刚落，只见哥伦布拿起一个蛋，对准蛋的一端朝桌面砸下去，蛋的一端破了，蛋也稳稳地竖立在桌上。

满室的王公大臣，顿时哗然，叫着嚷着这算哪门子游戏，三岁小孩也会做。哥伦布却不紧不慢地说："都说是很简单的游戏，可是你们却没有一个人做到；知道了怎么做之后，你们却又说太简单了！"

这时大家才发觉哥伦布是借竖立鸡蛋这个游戏为自己辩解呢！刚刚为哥伦布着急的朋友这才恍然大悟，对哥伦布提出质疑的官员们一下子哑口无言，再也不敢有不服气的言论了。

有时费尽唇舌，也不如借一个机智的举动来化解争执。哥伦布立鸡蛋可谓是四两拨千斤，简简单单的一个游戏便化解了大臣们的质疑。

和爸爸妈妈聊一聊：

哥伦布是怎么借助立鸡蛋这个游戏来化解大臣们的质疑的？

【项目作业三】梳理与探究

做两个鸡蛋不倒翁：准备两个生鸡蛋、彩纸、彩笔、剪刀、小米和胶水。先把鸡蛋从尖头那边打开，倒出鸡蛋液并洗净蛋壳。再往两个鸡蛋里面填充小米，一个填充的小米多（大概三分之一），一个填充的小米少（大概六分之一）。最后将彩纸整理成圆锥的形状，用胶水粘到鸡蛋壳上，并用彩笔在鸡蛋壳上画出表情。看一看两个不倒翁谁立得更直，想一想并和爸爸妈妈说一说为什么。

识字补给站

1. 圈出“项目作业一”的古诗中不认识的字，试着自己拼读准确。

2. 积累关于“鸡蛋”的词语。

jī fēi dàn dǎ　　shā jī qǔ dàn　　yǐ dàn jī shí
鸡飞蛋打　　杀鸡取蛋　　以蛋击石

活泼的小燕子

“小燕子，穿花衣，年年春天来这里……”这是大家都会哼唱的儿歌《小燕子》。这一次，让我们一起仔细观察活泼的小燕子吧！

活动过程

活动项目：观察燕子

活动场所：屋檐下

活动时长：15 分钟

和爸爸妈妈一起看一看：燕子的样子。

听一听：燕子的叫声。

和爸爸妈妈说一说：燕子身上有哪些颜色？它的尾巴是什么形状？叫声是什么样的？

想一想：燕子的尾巴有什么作用？

也可以问一问爸爸妈妈：燕子是怎么做窝的？

学习过程

学习目标：

1. 能对了解燕子产生兴趣。

2. 能大胆表达自己的感受。

学习项目：

【项目作业一】阅读与鉴赏

和爸爸妈妈一起朗读这首古诗吧！

fū qiǎn yuán jiàn táo huā
敷浅原见桃花

sòng liú cì zhuāng
［宋］刘次庄

táo huā yǔ guò suì hóng fēi, bàn zhú xī liú bàn rǎn ní.
桃花雨过碎红飞，半逐溪流半染泥。
hé chù fēi lái shuāng yàn zi, yì shí xián zài huà liáng xī.
何处飞来双燕子，一时衔在画梁西。

★好书推荐★

看一看绘本：《燕子的旅行》（[德]安德·莫勒/文、图　张晓蕾/译）

【项目作业二】表达与交流

听爸爸妈妈讲一讲《被宠坏的燕子》。请你听完后，把这个故事讲给家人、好朋友听。

被宠坏的燕子

早春三月，一棵古树上的燕妈妈生了几只小燕子。她非常疼爱这几个孩子，每天不辞辛苦，飞过田野、飞过草地，到各个地方为燕宝宝找虫子吃。这些燕子宝宝在燕妈妈的精心喂养下，一天天长大了。

一天，燕妈妈对小燕子们说："孩子们，你们已经长大了，应该学些本领了。看看，邻居家小燕子都会自己捉虫吃了。从明天开始，我来教你们飞翔、捉虫、躲避敌人的攻击。"

燕妈妈刚一说完，小燕子们就撒娇说："妈妈，妈妈，你瞧，我们还是小宝宝呢，还需要您的照顾。我们可不可以先在家里学着怎么看家呢？等过段时间，我们长大了再跟着您学飞翔，好吗？"燕妈妈实在太疼爱这些孩子了，哪怕心里知道小燕子们这是找借口，也点点头答应了。于是燕妈妈继续辛苦地为小燕子们寻找食物。

有一天，乌云密布，看着就要下大雨了。燕妈妈担心如果下了一天雨，没办法出去捉虫，那小燕子们就该挨饿了。所以她决定在大雨下来之前出去捉虫。小燕子们就在窝里嬉戏。

这时，有一条大蛇也趁着雨还没下四处寻找食物。他找啊找啊，突然听见树上的鸟窝里叽叽喳喳的，爬上树一看，是一窝小燕子，他心里高兴极了！他看着这些小燕子，想到燕子肉的美味，已经迫不及待想美餐一顿。小燕子们玩着玩着，听到不一样的声音，回头看见大蛇，都吓坏了，大喊着："妈妈，妈妈，快来救我们啊！"可是燕妈妈已经飞到很远很远的地方，根本就听不见小燕子们的求救。这些小燕子这时才后悔自己当初偷懒，不愿意学飞翔，可是后悔已经来不及了。大蛇张开血盆大口，把所有小燕子都吃进肚子里才离开。

等燕妈妈回来时，只看见鸟窝里带着血迹的几根羽毛，她伤心地哭着说："孩子们，是我害了你们啊！我不该过分宠爱你们。"

和爸爸妈妈聊一聊：

长大之后的小燕子们为什么会被大蛇吃掉了？

【项目作业三】梳理与探究

听一听儿童歌曲《小燕子》，再跟爸爸妈妈说一说，春天的时候，燕子飞回北方的途中可能会经过哪些地方，看到什么样的风景。

识字补给站

1. 圈出“项目作业一”的古诗中不认识的字，试着自己拼读准确。

2. 积累生活中跟“燕子”有关的词语。

xiǎo qiǎo líng lóng　　yàn wěi rú jiǎn　　yīng fēi yàn wǔ
小巧玲珑　燕尾如剪　莺飞燕舞

yīng gē yàn yǔ　　chūn yàn huí cháo
莺歌燕语　春燕回巢

山野的精灵

“
　　它是涓涓细流，它也是生命力顽强的水，它就是山野的精灵。它穿梭于山涧、林中，能延伸到最峻峭的山崖，还能隐没于丛林山谷。你猜，它是谁？
”

活动过程

活动项目：观察溪水

活动场所：郊外的小溪边

活动时长：15 分钟

和爸爸妈妈一起，仔细地看一看小溪里和溪流旁的风景。

听一听溪流的声音；摸一摸小溪水。

和爸爸妈妈说一说：看到了什么样的风景？听到了什么声音？溪水摸起来是什么感觉？

想一想：小溪会流到什么地方去？

也可以问一问爸爸妈妈：小溪流的源头是哪里呢？

学习过程

学习目标：

1. 留心观察溪水，感知溪水，热爱大自然。
2. 能善于思考，能主动发问，学习如何探究问题。

学习项目：

【项目作业一】阅读与鉴赏

和爸爸妈妈一起朗读这首古诗吧！

xiǎo xī
小溪

yuán　liú bǐng zhōng
［元］刘秉忠

xiǎo xī liú shuǐ bì rú yóu，zhōng rì wàng jī xiàn bái ōu。
小溪流水碧如油，终日忘机羡白鸥。
liǎng àn táo huā chūn sè lǐ，kě néng róng gè diào yú zhōu。
两岸桃花春色里，可能容个钓鱼舟。

★好书推荐★

看一看绘本：《爷爷送给我一条小溪》（[法]葛艾乐·蓓荷/文 [法]奥赫丽亚·弗提/图 武娟/译）

【项目作业二】表达与交流

听爸爸妈妈讲一讲童话故事《小溪和小鹿》。请你听完后，把这个故事讲给家人、好朋友听。

小溪和小鹿

山谷里，有一条长长的小溪，每天哗啦哗啦，唱着欢快的歌儿向前奔流。小溪边生活着一只美丽的小鹿，总是把小溪当作镜子，左照照，右瞧瞧，自言自语："瞧，我多漂亮啊！"

小溪见她总是这样高傲，就说："小鹿，你虽然好看，但是不能整天自我欣赏啊，要知道努力干活才行啊！"

小鹿一听不高兴了，嘟着嘴，歪着头，斜着眼，说："我这么强壮，有的是力气，比你强多了！看看你，涓涓细流，叮叮咚咚，柔弱无力的样子，还好意思说我！"

小溪笑了笑，说："你这么不服气，要不我们打个赌吧。瞧，这儿有两块大石头。我们俩用两年时间，分别打磨一块大石头，谁先把石头打磨得光滑圆润，谁就赢了。行吗？"

小鹿冷笑一声，轻蔑地说：“这对我来说太容易了！等着瞧吧，用不了几个月，我就能做好。”

接下来的两年里，小溪一直不停歇地用心打磨巨石，每一个小角都不放过。累了，就“叮咚叮咚”，唱首歌为自己加油。而小鹿呢，今天去采朵野花来戴，明天去洗个澡，后天又去参加聚会。

两年时间很快要到了。原来棱角分明的大石块，已经被小溪流水打磨成了一个大石球了。小溪高兴极了，淅沥淅沥地欢笑着庆祝。而小鹿呢？眼看约定的时间就要到了，她又着急又生气，连忙用蹄子使劲地踢着大石块，可是石头纹丝不动，小鹿的脚却肿了。她拖着受伤的残腿，留下了伤心懊恼的眼泪。

和爸爸妈妈聊一聊：

同样是大石块，为什么小溪流就能打磨成大石球，而小鹿却做不到？

【项目作业三】梳理与探究

听一听儿童歌曲《小溪流水响叮咚》，和爸爸妈妈说一说歌曲中唱了些什么。

识字补给站

1. 圈出“项目作业一”的古诗中不认识的字，试着自己拼读准确。

2. 积累关于小溪的成语。

juān juān xì liú　qīng xī yìng yuè　yín xī rú liàn
涓涓细流　清溪映月　银溪如练

xī shuǐ chán juān　xī liú yíng rào
溪水潺涓　溪流萦绕

土豆变身记

薯条、薯片，这些都是小朋友最爱吃的零食了，你们知道这些薯条、薯片是用什么做成的吗？这一次，让我们一起了解“土豆”吧！

活动过程

活动项目：观察土豆

活动场所：菜园里

活动时长：15 分钟

和爸爸妈妈一起挖一挖土豆，仔细地看一看：土豆刚挖出来的样子。

和爸爸妈妈说一说：土豆的样子、颜色。

想一想：还有哪些植物的果实是长在地底下的？

也可以问一问爸爸妈妈：土豆发芽了还能吃吗？

学习过程

学习目标：

1. 能留心观察，对土豆的生长有兴趣。
2. 能主动发问，愿意表达。

学习项目：

【项目作业一】阅读与鉴赏

和爸爸妈妈一起朗读这首有趣的童谣吧！

xiǎo tǔ dòu
小土豆

xiǎo tǔ dòu，xiǎo tǔ dòu，
小土豆，小土豆，
shēn chuān cǎi yī dì xià zuān，
身穿彩衣地下钻，
tǔ shēng tǔ zhǎng yí dà chuàn，
土生土长一大串，

bù yuán bù huá rè zhōngcháng
不圆不滑热衷肠。
xiǎo tǔ dòu xiǎo tǔ dòu
小土豆，小土豆，
wèi měi jià lián yíng yǎng fēng
味美价廉营养丰，
nǐ ruò yǔ tā jiāo péng yǒu
你若与它交朋友，
dìng néng qiáng shēn yòu jiàn tǐ
定能强身又健体！

★好书推荐★

看一看绘本：《土豆国王》（[德]克里斯托弗·尼曼/著　陈道宇/译）

【项目作业二】表达与交流

听爸爸妈妈讲一讲《土豆买帽子》。请你听完后，把这个寓言故事讲给家人、好朋友听。

土豆买帽子

一天，土豆看见黄瓜戴了一顶黄色的小花帽，觉得十分漂亮，就问："黄瓜姐姐，你这顶帽子是在哪儿买的？我也想要一顶！"黄瓜说："是在白菜大婶那儿买的。"土豆决定也去白菜大婶店里买一顶适合自己的帽子。

土豆一路朝帽子店走。忽然，从楼顶上掉下来一块西瓜皮！土豆戴上这顶"帽子"后跳了一支舞，不停地旋转，差点儿就摔了一大跤！茄子戴着一顶喇叭帽路过，一看摔在地上的土豆，连忙扶起来说：“土豆哥哥，你怎么带着个西瓜皮呀？”土豆说：“这是我的帽子，好看吗？”茄子说：“嗯……西瓜皮又大又厚，跟你一点也不配呀！”土豆说：“这样啊，那我还是去白菜大婶的帽子店里瞧瞧看！”

土豆继续朝帽子店走。路上看到草莓妹妹，土豆笑着说：“呀，草莓妹妹，你的绿叶帽真好看！”草莓说：“呵呵,这是我最得意的帽子了！是在白菜大婶那儿买的。哦，对了，土豆哥哥，你也赶快去买一顶吧。”“好的，就听你的！”说完，土豆就继续朝前走。

土豆终于到了白菜大婶的帽子商店。帽子商店的帽子可真多，有紫色的，有大花边的，还有圆的、八角的……土豆一顶一顶地试着，可是挑来挑去，没有一个适合他的。土豆一屁股瘫坐在地上，闷闷不乐地说：“为什么别人都有好看的帽子，怎么就没有一个帽子适合我戴呢？”土豆伤心地哭了。白菜大婶摸着土豆的头说：“傻孩子，不是每个人都要戴帽子啊！”土豆好像想起了什么，他擦干了眼泪，突然站起来大声说：“我们土豆家族原来不适合戴帽子！”

土豆告别了白菜大婶，高高兴兴地回家了。

和爸爸妈妈聊一聊：

故事中土豆都遇到了谁，他们分别戴着什么帽子？

【项目作业三】梳理与探究

请准备几个土豆，先和爸爸妈妈一起看一看、读一读右图中土豆泥的制作过程，再动手做一做土豆泥，最后说一说土豆泥吃起来是什么感觉。

识字补给站

1. 圈出“项目作业一”的童谣中不认识的字，试着自己拼读准确。

2. 积累和描写“土豆”有关的成语。

yíng yǎng fēng fù 营养丰富　qí wèi wú qióng 其味无穷　wù měi jià lián 物美价廉

qí mào bù yáng 其貌不扬　kǒu chǐ shēng xiāng 口齿生香

地下工作者

夏天雷阵雨过后，总能看到几只“地下工作者”——蚯蚓，在路面上穿行。大家想了解蚯蚓吗？这一次的活动，就让我们一起去认识它们吧！

活动过程

活动项目：观察蚯蚓

活动场所：小区花园

活动时长：15 分钟

和爸爸妈妈一起，认真地看一看：蚯蚓的样子和“走路”的动作。

和爸爸妈妈说一说：蚯蚓是什么样子的？它是怎么“走路”的？

想一想：蚯蚓有什么作用？

也可以问一问爸爸妈妈：蚯蚓平时都吃些什么？

学习过程

学习目标：

1. 能留心观察，了解蚯蚓。

2. 能展开想象，能主动发问。

学习项目：

【项目作业一】阅读与鉴赏

和爸爸妈妈一起朗读这首儿歌吧！

xiǎo qiū yǐn
小蚯蚓

mín jiān tóng yáo
民间童谣

xiǎo qiū yǐn, shuì dà jiào,
小蚯蚓，睡大觉，

dì dǐ yí piàn jìng qiāo qiāo,
地底一片静悄悄，

hū rán zuò le yí gè mèng,
忽然做了一个梦，

nóng mín bó bo wēi wēi xiào
农民伯伯微微笑，
xiǎo bǎo bei shuì hǎo jiào
“小宝贝，睡好觉，
wài miàn tài lěng bié qǐ zǎo
外面太冷别起早，
fān sōng tǔ dì lì gōng láo
翻松土地立功劳。”

★好书推荐★

看一看绘本：《蚯蚓的日记》（[美]朵琳·克罗宁/著 [美]哈利·布里斯/绘 陈宏淑/译）

【项目作业二】表达与交流

听爸爸妈妈讲一讲《小蚯蚓“肉肉”》。请你听完后，把这个故事讲给家人、好朋友听。

小蚯蚓“肉肉”

树林里有一只可爱的蚯蚓，他的身子圆滚滚的，大家都叫他“肉肉”。蚯蚓肉肉每天都在地里钻来钻去地松土，日复一日，不辞辛劳。

有一天，天空中乌云滚滚，下起了倾盆大雨，地上湿漉漉的。肉肉觉得很难受，就从地里钻出来了，在地面上散散步。这时候，一只在树叶下躲雨的蝴蝶看见了蚯蚓肉肉，大声地嘲笑道：“天哪，你长得这么丑，怎么敢在我的面前晃来晃去呢？快钻回你的土里去吧！”

“嗯，这不是下雨了嘛，我就上来透透气，一会就钻回去。”蚯蚓说。

“话说，你天天在土里面干吗呢？”蝴蝶追问道。

“松土！”

蝴蝶听完，冷笑道：“你也太自大了，你的身子那么小，能松什么土呀？耕牛犁地一分钟，你估计要松一年吧！太好笑了！”

“我的力量虽小，但我还是要尽力而为，能为大家做好事我很快乐。”

“我看你就算了吧！”

“那怎么行，我在松土的时候，还要用我的便便施肥呢！”

说完，蚯蚓肉肉唱着歌，又钻进土里干活去了。

和爸爸妈妈聊一聊：

蝴蝶为什么会看不起蚯蚓？你想对蝴蝶说些什么？

【项目作业三】梳理与探究

请准备一张卡纸，和爸爸妈妈一起做一做蚯蚓宝宝头饰，再戴上这个头饰，跟爸爸妈妈说一说可爱的地下工作者是怎样干活的，可以边说边做一做动作哦！

识字补给站

1. 圈出“项目作业一”的儿歌中不认识的字，试着自己拼读准确。

2. 积累带有“虫字旁”的动物名称。

qū qu	wú gōng	guō guo	chán chú	biān fú
蛐蛐	蜈蚣	蝈蝈	蟾蜍	蝙蝠

闪烁的星星

天气晴朗的夜晚，我们常常会看见满天的繁星，一闪一闪的，似乎在向我们眨眼睛。让我们一起开启“观察星星”的美好之夜吧！

活动过程

活动项目：观察星星

活动场所：山上或者旷野上

活动时长：15 分钟

和爸爸妈妈一起，数一数：天上有几颗星星？

找一找：北极星在哪里？

和爸爸妈妈说一说：你最喜欢哪颗星星？为什么？

想一想：星星为什么会发光？

也可以问一问爸爸妈妈：牛郎星和织女星有着怎样的传说？

学习过程

学习目标：

1. 能仔细观察、了解星星。
2. 能展开想象，能主动发问。

学习项目：

【项目作业一】阅读与鉴赏

和爸爸妈妈一起朗读古诗《哥舒歌》吧！

gē shū gē
哥舒歌

táng xī bǐ
［唐］西鄙

běi dǒu qī xīng gāo, gē shū yè dài dāo.
北斗七星高，哥舒夜带刀。
zhì jīn kuī mù mǎ, bù gǎn guò lín táo.
至今窥牧马，不敢过临洮。

★好书推荐★

看一看绘本:《我的星星也会保护你》([德]乌里希·霍夫曼/文 [德]梅西特希尔德·维林贝克/图)

【项目作业二】表达与交流

听爸爸妈妈讲一讲《数星星的孩子》。请你听完后，把这个故事讲给家人、好朋友听。

数星星的孩子

谭一寰

晚上，满天的星星像无数颗珍珠撒在夜空。一个孩子跟爷爷坐在院子里，他仰着头，一颗一颗数星星，一直数到几百颗。

爷爷说:“星星那么多，一闪一闪的，你能数得清吗?”

孩子说:“能看见，就应当能数得清。我怕数重了，所以数得很慢。”

爷爷说:“我们的祖先把星星分成一组一组的，给它们起了名字。一组一组地数，就不容易数重了。”爷爷还教孩子认识北极星、织女星……

夜深了，孩子还不肯睡，仍然注视着夜空。啊，他发现北斗星围绕着北极星在移动呢!

这个数星星的孩子名叫张衡，是汉朝人。他长大以后刻苦钻研天文，成了著名的天文学家。

和爸爸妈妈聊一聊：

张衡为什么能够成为天文学家？

【项目作业三】梳理与探究

按照下面图片上的步骤，用五颜六色的纸张折一折星星，说一说你折出的星星是什么样子的。将你的星星送给爸爸或妈妈，并向爸爸妈妈说一说你的祝福语。

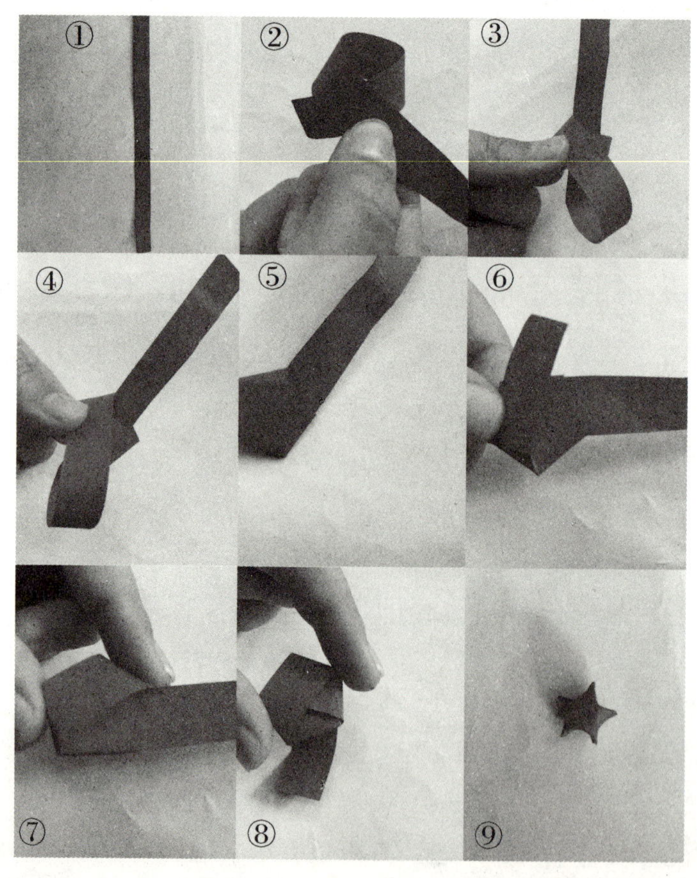

识字补给站

1. 圈出“项目作业一”的古诗中不认识的字，试着自己拼读准确。

2. 积累与“星星”有关的词语。

càn ruò fán xīng　pī xīng dài yuè　liáo ruò chén xīng
灿若繁星　披星戴月　寥若晨星

xīng chí diàn zǒu　xīng luó qí bù
星驰电走　星罗棋布

神奇的“桥”

有时候，下过雨的天空中会出现一座彩色的“桥”，我们都知道它叫“彩虹”。你知道这座“桥”的秘密吗？这一次，就让我们一起走近它，了解它！

活动项目：观察彩虹

活动场所：阳台或视野空旷处

活动时长：15 分钟

和爸爸妈妈一起，仔细地看一看：彩虹的样子。

和爸爸妈妈说一说：彩虹有哪些颜色？

想一想：你想把彩虹桥架在哪儿？为什么？

也可以问一问爸爸妈妈：彩虹是怎么形成的？

学习过程

学习目标：

1. 能观察彩虹，展开想象。
2. 能对感兴趣的事物主动发问。

学习项目：

【项目作业一】阅读与鉴赏

和爸爸妈妈一起朗读这首有趣的童谣吧！

cǎi hóng qiáo
彩虹桥

yǔ guò tiān qíng bái yún piāo
雨过天晴白云飘，
lán tiān jià qǐ cǎi hóng qiáo
蓝天架起彩虹桥。
chì chéng huáng lǜ qīng lán zǐ
赤橙黄绿青蓝紫，
shǔ shu yán sè yǒu qī dào
数数颜色有七道。

cǎi hóng qiáo shuí lái zào
彩虹桥，谁来造？
tài yáng gōng gong diǎn tóu xiào
太阳公公点头笑！

★好书推荐★

看一看绘本：《彩虹》（[日]浅沼徹/文、图 彭懿、周龙梅/译）

【项目作业二】表达与交流

听爸爸妈妈讲一讲《彩虹》。请你听完后，把这个故事讲给家人、好朋友听。

彩虹

天上的云宝宝不哭了，太阳公公露出了灿烂的笑脸。天地之间架起了一道七色的彩虹。

青蛙说："彩虹是最大的桥，站在上面可以看到最美丽的风景。"

蝴蝶说："彩虹是条七彩的项链，戴在天空姐姐的脖子上，她真高兴。"

燕子说："彩虹是件美丽的外套，披在大树哥哥的身上，他更精神了。"

鱼儿说："彩虹是个大发卡，戴在大海妈妈的头上，她显得更加漂亮了。"

和爸爸妈妈聊一聊：

小动物们觉得彩虹像什么？你觉得彩虹还像什么？

【项目作业三】梳理与探究

请准备一个装满水的喷壶，背对阳光，对着空气均匀地喷一喷，直到出现一条小彩虹。说一说你做出的彩虹是什么样的，画一画它的样子吧！

识字补给站

1. 圈出“项目作业一”的童谣中不认识的字，试着自己拼读准确。

2. 积累和“彩虹”有关的成语。

qì guàn cháng hóng 气贯长虹　hóng xiāo yǔ jì 虹销雨霁　cǎi qiáo héng kōng 彩桥横空

bái hóng guàn rì 白虹贯日　qì tūn hóng ní 气吞虹霓

蝴蝶飞飞

春暖花开，万紫千红，蝴蝶小精灵在空中翩翩起舞。孩子们，郊外空气清新，阳光明媚，快约上家人、朋友一起跳跃在花丛中，寻找蝴蝶的身影吧！

活动过程

活动项目：观察蝴蝶

活动场所：公园、花园或动物园昆虫馆

活动时长：15 分钟

和爸爸妈妈一起，仔细地看一看：蝴蝶的样子。

和爸爸妈妈说一说：你看到的蝴蝶是什么样子的？

想一想：蝴蝶是怎么采花粉的？

也可以问一问爸爸妈妈：蝴蝶吃些什么？

学习过程

学习目标：

1. 能对观察蝴蝶产生兴趣。
2. 能展开合理想象，试着主动发问。

学习项目：

【项目作业一】阅读与鉴赏

和爸爸妈妈一起读一读这首有趣的童谣吧！

hú dié fēi fēi
蝴蝶飞飞

xiǎo xiǎo hú dié zhēn měi lì
小小蝴蝶真美丽，
pò jiǎn chéng xíng pī cǎi yī
破茧成形披彩衣。
ài fēi huā cóng qīng cǎo dì
爱飞花丛青草地，
kuài kuài huo huo cǎi fēng mì
快快活活采蜂蜜。

★好书推荐★

看一看绘本:《蝴蝶的日记》(刘丙钧/著 刘玉峰/绘)

【项目作业二】表达与交流

听爸爸妈妈讲一讲故事《吹牛的蝴蝶》。请你听完后,把这个童话故事讲给家人、朋友听。

吹牛的蝴蝶

张文晴

一个天朗气清的早晨,天上飘着朵朵白云,露珠还挂在花瓣上,阳光温柔地照耀着大地。

红蝴蝶和黄蝴蝶在花丛中相遇,互问早安后,两只蝴蝶竟然在花香中吹起牛来……红蝴蝶和黄蝴蝶都觉得自己更厉害。只见红蝴蝶抬头望着天空中飘浮的白云,沉思一会儿说:“我要白云去哪儿,白云就去哪儿!白云白云,去往东边!”黄蝴蝶不甘示弱,停在一朵花骨朵儿上呐喊:“我要花儿什么时候开,花儿就什么时候开!花儿花儿,中午时开放!”他们互不信任,对对方的话嗤之以鼻。

中午时分,两只蝴蝶再次飞到那片花丛。红蝴蝶指着东边的白云得意洋洋地说:“哈!白云听我的话吧!”黄蝴蝶也停在盛开的花丛中自鸣得意:“花儿也听我的话吧！瞧！”说完，白云和花儿就忍俊不禁“呵呵”地笑了起来！

原来，红蝴蝶是观察风向预知了白云飘动的方向，而黄蝴蝶是记住了花儿开放的规律预知了花儿开放的时间呀！知识储备不够，还真是不敢吹牛呢！

和爸爸妈妈聊一聊：

红蝴蝶和黄蝴蝶是不是真的在吹牛？为什么白云和花儿那么听他们的话呢？

【项目作业三】梳理与探究

按照下图的步骤剪一剪美丽的蝴蝶，然后想一想：这只蝴蝶可能会飞到哪里？遇见谁？会说些什么？试着编一编有趣的故事吧！

1. 彩纸对折后画出蝴蝶的外形轮廓。

2. 自由画出蝴蝶翅膀内部的花纹。

3. 先剪外形，再剪内部。

4. 展开效果图，大功告成。

识字补给站

1. 圈出“项目作业一”的童谣中你不认识的字，试着自己拼读准确。

2. 积累和“蝴蝶”有关的四字词语。

piān piān qǐ wǔ 翩翩起舞　wǔ cǎi bān lán 五彩斑斓　huā xiāng dié wǔ 花香蝶舞

dié wǔ huā jiān 蝶舞花间　zhāo fēng yǐn dié 招蜂引蝶

王牌飞行员

头上两只大眼睛，身体细长轻又轻。张着翅膀空中飞，专捉害虫有本领。看，它就是号称昆虫界的王牌飞行员——蜻蜓。这一次，让我们一起追随“蜻蜓”的脚步去绘制飞行地图吧！

活动过程

活动项目：观察蜻蜓

活动场所：小池塘边

活动时长：15 分钟

和爸爸妈妈一起，仔细地看一看：蜻蜓的样子和飞行的姿态。

和爸爸妈妈说一说：蜻蜓长什么样？它的翅膀有什么特点？它是怎样飞行的？

想一想：为什么说“蜻蜓飞得低，出门带蓑衣”？

也可以问一问爸爸妈妈：蜻蜓的眼睛有什么特别之处呢？

学习目标：

1. 能留心观察蜻蜓，感受动物的美好。
2. 能大胆表达自己的感受，主动发问。

学习项目：

【项目作业一】阅读与鉴赏

和爸爸妈妈一起朗读这首古诗吧！

qīng tíng
蜻 蜓

táng　hán wò
［唐］韩偓

bì yù yǎn jīng yún mǔ chì，qīng yú fěn dié shòu yú fēng。
碧玉眼睛云母翅，轻于粉蝶瘦于蜂。

zuò lái yíng fú bō guāng jiǔ，qǐ shì yīn qín wèi liǎo cóng。
坐来迎拂波光久，岂是殷勤为蓼丛。

★好书推荐★

看一看绘本:《蜻蜓的日记》(刘丙钧/著　魏永恒/绘)

【项目作业二】表达与交流

听爸爸妈妈讲一讲《蜻蜓和蚂蚁》。请你听完后，把这个寓言故事讲给家人、好朋友听。

蜻蜓和蚂蚁

夏天阳光明媚，草木繁盛，老榕树的叶子油亮油亮的，撑起了一片浓浓的绿荫。荷花已经挤满了整个小池塘，微风吹来，漾起一阵又一阵清香。

蜻蜓成天逛来逛去，东游西荡。她扇动着翅膀，一会儿在花丛间俯冲飞行，一会儿悬停在荷叶“停机坪”上休憩，一会儿又忘情地穿梭在树林和绿草之间。她快活地歌唱着，尽情地玩耍着。

可是，日子像流水一样，转瞬之间，寒冷的冬天已经近在眼前了。那些阳光灿烂、绿叶为家、不愁吃住的日子，已经过去了。田野里一片荒芜，杂草丛生。好日子过完了，随之而来的是无尽的寒冷和饥饿。蜻蜓不再唱歌了，也没有兴趣跳舞了，她整天愁眉苦脸、闷闷不乐、自言自语、嘀嘀咕咕。

有一天，她来到好朋友蚂蚁跟前，恳求道：“帮帮我吧，我的朋友！请你让我借住在你的窝，让我吃饱，让我暖和，躲过这残酷的寒冬，一到春天我就走。”

“朋友，我真搞不懂，整整一个夏天你都在忙些什么。”蚂蚁严肃地说，“夏天的劳作才能成就冬天的安乐，难道你不懂得这个道理吗？”

“夏天哪里顾得上这些？我在软绵绵的鲜草丛里，自由自在地嬉戏；在芳香四溢的荷花池边，无拘无束地歌唱；在郁郁葱葱的树木间，兴高采烈地舞蹈。每天都过得很充实，哪有工夫想到工作呀！”蜻蜓怀念道。

“那么你——”

“当时我满不在乎，毫无顾忌，痛快地玩耍了一整个夏天。”

“哦！原来如此。朋友，你的歌声多么悦耳动听，你的舞姿多么优雅迷人呀！现在，你仍然可以尽情地载歌载舞，怎么不继续这么做呢？”蚂蚁微笑着问。

蜻蜓听了，羞愧地低下了头。

和爸爸妈妈聊一聊：

蜻蜓整天愁眉苦脸的原因是什么？假如蚂蚁收留了

蜻蜓过冬，第二年冬天到来时，他们又见面了，他们会说些什么呢？

【项目作业三】梳理与探究

请准备一根吸管、一把剪刀、卡纸和胶布。看一看下图的制作步骤，做一做竹蜻蜓。再跟爸爸妈妈说一说：如果你是这个竹蜻蜓，你想飞到哪里去？又会做些什么呢？

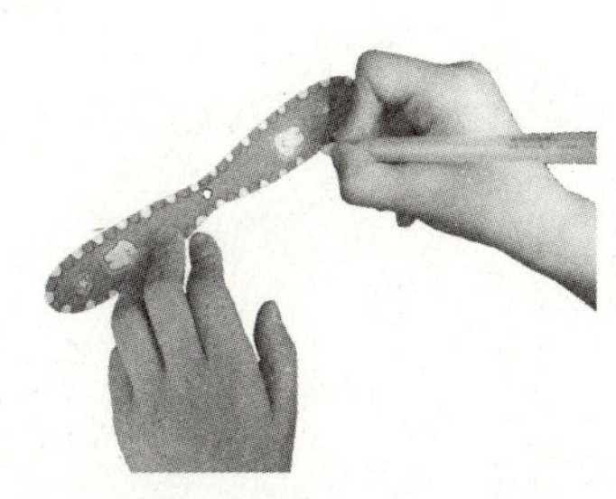

1. 裁剪卡纸形状，中间挖一个孔洞。

2. 装饰好卡纸以后，将吸管穿过孔洞并用胶布固定。

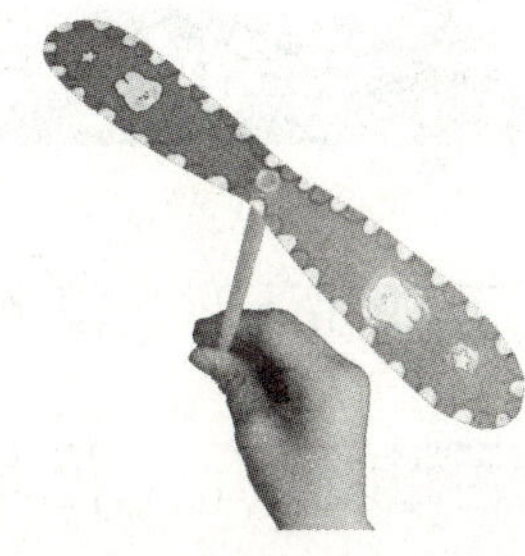

3. 快试着转动竹蜻蜓，让它飞起来吧！

识字补给站

1. 圈出“项目作业一”的古诗中不认识的字，试着自己拼读准确。

2. 积累和“蜻蜓”有关的词语。

qīng tíng diǎn shuǐ　qīng tíng hàn shí zhù　mǐn jié qīng kuài
蜻蜓点水　蜻蜓撼石柱　敏捷轻快

yōu yǎ qīng yíng　líng qiǎo kě ài
优雅轻盈　灵巧可爱

小小搬运工

“小小蚂蚁圆脑袋，头顶两根长触角，六条小腿细又长，肚子鼓鼓拖在后。”蚂蚁虽然小却十分勇敢、团结，它们可是大自然中的小小搬运工呢！这一次，让我们一起去认识蚂蚁吧！

活动过程

活动项目：观察蚂蚁

活动场所：花坛边、草丛里

活动时长：15 分钟

和爸爸妈妈一起，在蚂蚁活动的地方撒一点白砂糖，看一看蚂蚁会怎么做。

和爸爸妈妈说一说：蚂蚁是如何搬运白砂糖的？

想一想：蚂蚁是怎样传递信息的？

也可以问一问爸爸妈妈：蚂蚁的巢穴有什么特点？

学习过程

学习目标：

1. 能对观察蚂蚁产生兴趣。
2. 能展开想象，能主动发问。

学习项目：

【项目作业一】阅读与鉴赏

和爸爸妈妈一起朗读这首有趣的古诗吧！

guān yǐ èr shǒu qí yī
观蚁二首（其一）

sòng yáng wàn lǐ
［宋］杨万里

yī qí chū lái zhǐ yòu shuāng, quán jūn tū chū zhèn chéng háng
一骑初来只又双，全军突出阵成行。

cè xūn jí bào qiān zhàng cháng, dù shuǐ hái zhēng yī wěi háng
策勋急报千丈长，渡水还争一苇杭。

★好书推荐★

看一看图书：《蚂蚁的日记》（高洪波 / 著）

【项目作业二】表达与交流

听爸爸妈妈讲一讲《红蚂蚁》。请你听完后，把故事讲给家人、好朋友听。

红蚂蚁

［法］法布尔

红蚂蚁是一种既不会抚育儿女也不会出去寻找食物的蚂蚁。它们为了生存，只好用不道德的办法——绑架黑蚂蚁的儿女，把它们养在自己家里。这些被它们占为己有的蚂蚁，就永远沦为了奴隶。

夏天的下午，我时常看见红蚂蚁出征的队伍。当它们看见有黑蚂蚁的巢穴时，前面的队伍就会出现一阵忙乱。几只间谍似的红蚂蚁先离开队伍往前走，其他蚂蚁仍旧排好队伍不停地蜿蜒前进，有时候有条不紊地穿过小径，有时候在荒草的枯叶中若隐若现。

红蚂蚁们终于找到了黑蚂蚁的巢穴，就长驱直入小蚂蚁的卧室，把它们抱出了巢。在巢内，红蚂蚁和黑蚂蚁进行了一番激烈的厮杀，最终黑蚂蚁败下阵来，无可奈何地让强盗们把自己的孩子抢走。

有一天我看见一队出征的红蚂蚁沿着池边前进，那时刮着大风，许多蚂蚁被吹进池塘，显然蚂蚁不像蜜蜂那样，会选择另一条路回家，它们只会沿着原路回家。

我叫小孙女拉茜帮我监视它们。天气不错的日子里，小拉茜总是蹲在园子里，瞪着眼睛往地上张望。她很高兴接受我的重托。

有一天，我在书房里听到拉茜的声音："快来快来！红蚂蚁已经到黑蚂蚁的家里去了！"

"你知道它们走的是哪条路吗？"

"是的，我已经做了记号。"

"什么记号？你怎么做的？"

"我沿路撒了小石子。"

我急忙跑到园子里。拉茜说得没错，红蚂蚁们正沿着那条白色的石子路凯旋而归呢！我用一片叶子截走几只红蚂蚁，放到别处。这几只蚂蚁迷了路，其他的凭着它们的记忆顺着原路回去了。

红蚂蚁并不是像蜜蜂那样，会辨认回家的方向，它们是凭着记忆回家的。所以，即使它们出征的路程很长，需要几天几夜，但只要沿途不发生变化，它们照旧回得了家。

和爸爸妈妈聊一聊：

红蚂蚁如何解决生存的问题？红蚂蚁走的路线有什么特点？

【项目作业三】梳理与探究

请和爸爸妈妈一起演一演小蚂蚁运食物的游戏，演之前可以想一想：小蚂蚁们在搬运食物的过程中会遇到什么困难？边演边说一说：它们会说些什么？会怎么解决困难？

识字补给站

1. 圈出“项目作业一”的古诗中不认识的字，试着自己拼读准确。

2. 积累和“蚂蚁”有关的成语。

rú yǐ fù shān　　lóu yǐ dé zhì　　yǐ fēng xué yǔ
如蚁附膻　　蝼蚁得志　　蚁封穴雨

xiān qū lóu yǐ　　qiān lǐ zhī dī，kuì yú yǐ xué
先驱蝼蚁　　千里之堤，溃于蚁穴

荷塘里的小绿伞

夏天的荷花池多么美丽啊，在这可爱的荷花下，那一片片绿油油的小绿伞是谁呢？这次活动，让我们一起来探寻它的秘密吧！

活动项目：赏荷塘，看荷叶

活动场所：公园里的荷花池

活动时长：15 分钟

和爸爸妈妈一起，仔细地看一看：荷叶的样子。

和爸爸妈妈说一说：荷叶的颜色和形状。

想一想：荷叶凋谢的时候会变成什么样？

也可以问一问爸爸妈妈：荷叶有什么用处呢？

学习过程

学习目标：

1. 能对观察荷叶感兴趣，欣赏夏日美景。
2. 能展开想象，能主动发问。

学习项目：

【项目作业一】阅读与鉴赏

和爸爸妈妈一起朗读这首古诗吧！

lián yè
莲叶

táng zhèng gǔ
［唐］郑谷

yí zhōu shuǐ jiàn chā chā lǜ, yǐ jiàn fēng yáo bǐng bǐng xiāng.
移舟水溅差差绿，倚槛风摇柄柄香。
duō xiè huàn xī rén bù zhé, yǔ zhōng liú dé gài yuān yāng.
多谢浣溪人不折，雨中留得盖鸳鸯。

★好书推荐★

看一看绘本：《荷叶小猪》（高洪波 / 文　李蓉 / 图）

【项目作业二】表达与交流

听爸爸妈妈讲一讲童话故事《荷叶舞台》。请你听完后，把这个故事讲给家人、好朋友听。

荷叶舞台

夏天来了，池塘里的荷花开了。一只小青蛙看中了荷花池里最大最美的一片荷叶，想要举办一场个人演唱会。

小青蛙找到小螳螂，说："你想欣赏全世界最美妙的独唱表演吗？那你就来为我做伴奏师吧！"螳螂答应了。

小青蛙找到萤火虫，说："你想欣赏全世界最美妙的独唱表演吗？那你就来为我做灯光师吧！"萤火虫答应了。

小青蛙找到小蝴蝶，说："你想欣赏全世界最美妙的独唱表演吗？那你就来为我做布景师吧！"小蝴蝶答应了。

小青蛙高兴极了，采了荷花花瓣做请帖，邀请所有的小伙伴都来欣赏他的个人演唱会。

夏夜，清风徐徐，只见池塘中央，碧绿的荷叶舞台漂亮极了！萤火虫们灯光闪烁，流金溢彩；小蝴蝶们彩翅扇动，引人注目；螳螂先生，姿态优雅，缓缓地拉起了小提琴。

小伙伴们目不转睛地盯着舞台，期待小青蛙的演出，可是，过了好一会儿，小青蛙依然呆呆地站在舞台上，一个字也唱不出来。原来，这几天他只顾着装饰舞台，完全忘记了练习唱歌。大家失望极了：“说什么最美妙的演唱会，我看是最厉害的吹牛大王！”

后来，小青蛙决定认真练习唱歌，他不停地唱啊，练啊，歌声越来越优美。

小青蛙再次邀请大家来欣赏他的演唱会。这一次，他没有去找朋友来布置舞台。空空的荷叶舞台中央，自信地站着一只小青蛙。“呱呱……”他刚一开口，就惊艳了大家。“这歌声真是太动听了！”小伙伴们纷纷夸赞，“这真是全世界最美妙的演唱会！”

从此，小青蛙成了最受欢迎的大歌星，天天都在荷叶舞台上为大家献唱。

和爸爸妈妈聊一聊：

小青蛙两次演唱，荷叶舞台分别是什么样子的呢？

【项目作业三】梳理与探究

请和爸爸妈妈一起买一些荷叶、小米等材料，做一做荷叶小米粥：将洗净的荷叶、小米、大米和枸杞一起放入锅中煮一煮，在出锅前，把浮在表面的荷叶捞起来，记得加入几颗冰糖哦。尝一尝荷叶小米粥的味道，再和爸爸妈妈说一说：荷叶小米粥的滋味是什么样的？

1. 荷叶、小米等配料。

2. 粥煮好啦。

3. 捞去浮在表面上的荷叶。

4. 盛出荷叶小米粥。

识字补给站

1. 圈出“项目作业一”的古诗中不认识的字，试着自己拼读准确。

2. 积累形容“荷叶”的词语。

yuán yuán de　bì lǜ de　qīng cuì de
圆圆的　碧绿的　青翠的

mào mì de　qīng xiāng de
茂密的　清香的

透明的“珍珠”

在温暖的清晨，我们常常在小草、树叶上看到露珠。一颗颗露珠连在一起，好像一串美丽的珍珠项链。这一次，就让我们一起去仔细欣赏一下这些美丽的“珍珠”吧。

活动过程

活动项目：观察露珠

活动场所：小区或者公园

活动时长：15 分钟

清晨，和爸爸妈妈一起仔细地找一找露珠。

用手指轻轻地碰一碰露珠。

和爸爸妈妈说一说：在哪里可以找到露珠？露珠被碰后有什么变化？

想一想：露珠像什么？

也可以问一问爸爸妈妈：露珠是怎么形成的？

学习过程

学习目标：

1. 能仔细观察，了解露珠。
2. 能展开想象，能主动发问。

学习项目：

【项目作业一】阅读与鉴赏

和爸爸妈妈一起朗读这首有趣的古诗吧！

yǒng lù zhū
咏露珠

táng wéi yìng wù
［唐］韦应物

qiū hé yì dī lù, qīng yè zhuì xuán tiān.
秋荷一滴露，清夜坠玄天。
jiāng lái yù pán shàng, bú dìng shǐ zhī yuán.
将来玉盘上，不定始知圆。

★好书推荐★

看一看绘本：《露珠里的朋友》（李想 / 著　雨青工作室 / 绘）

【项目作业二】表达与交流

听爸爸妈妈讲一讲《小草露珠与泥土》。请你听完后，把这个童话故事讲给家人、好朋友听。

小草露珠与泥土（节选）

［丹麦］安徒生

早晨，太阳悄悄地出来了，小草伸了个懒腰，摆弄了一番她那娇小的身躯，看了看身上的露珠，不满地说：“露珠啊，你走吧。人们都只喜欢我，赞美我，不喜欢你。而你呢，只会在我美丽的身躯上滚来滚去。你还是快走吧！”

露珠听了非常生气：“如果我走了，你就会枯萎，会失去光泽变丑的。”

小草却说：“不会，我仍然会像往常那样翠绿，生机勃勃，惹人喜爱。你快滚吧！”

小草没有了露珠的滋润，渐渐地，叶子失去了光泽，美丽的身躯开始变黄了。小草暗自叹息。其实，她不知道，更大的灾难还在后面呢。

让她没想到的是，一连晒了十几天太阳，没下过一滴雨。渐渐地，她快死了。小草后悔极了，她对泥土说："我真不该赶走露珠。现在，我真后悔。你说，我该怎么办呢？"

泥土只是沉默，他也没有办法。于是，小草天天流泪，恳求上天帮她把露珠请回来。这一切感动了春姑娘，春姑娘帮她劝回了露珠，小草又穿上了绿装。

过了些日子，小草又骄傲起来了。她又将泥土赶走了。

不久，小草觉得不对劲儿了，身体不能正常生长，叶子也因没有养分而变得枯黄。她实在是受不了了，忙对露珠说："我又错了。我离开了泥土，就像鱼儿离开了水，不能生存了。没有了养分，我快支撑不住了。"

露珠也没有办法，只是摇头叹息。

第二天，墙角的那株小草彻底地枯萎了。我真为她感到可惜。

个人的力量也许是渺小的，但是，我们不要因此而小看他，有时候，他能起到很大的作用。就像露珠和泥土，他们看起来是无足轻重的，但在小草成长的过程中，却是不可或缺的。

和爸爸妈妈聊一聊：

小草为什么最终枯萎了？

【项目作业三】梳理与探究

做一做露珠：将勺子放在火上烤黑后，滴一滴水到勺子上。看一看：水滴有什么变化？和爸爸妈妈说一说你在做露珠时的心情变化。

识字补给站

1. 圈出“项目作业一”的古诗中不认识的字，试着自己拼读准确。

2. 积累和“露珠”有关的成语。

diàn guāng zhāo lù 电光朝露　fú yún zhāo lù 浮云朝露　wēi rú zhāo lù 危如朝露

chūn fēng yǔ lù 春风雨露　yǐn lù cān fēng 饮露餐风

小松鼠的最爱

小小的松果，不仅是小松鼠最爱的美味，还有很大的用处呢。根据它在晴天和雨天的不同变化，我们可以了解天气情况。小小的松果，它的身上还藏着哪些秘密呢？这一次，让我们一起来观察松果吧！

活动过程

活动项目：观察松果

活动场所：松树林

活动时长：15 分钟

和爸爸妈妈仔细看一看：松果的样子。

掰一掰松果：松果鳞片的缝隙中有什么东西？

和爸爸妈妈说一说：松果的颜色和形状，它看上去像什么？

想一想：松果是怎样传播种子的？

也可以问一问爸爸妈妈：小小的松果又是怎样预报天气的？

学习过程

学习目标：

1. 观察松果，表达观察所得。
2. 能展开想象，能主动发问。

学习项目：

【项目作业一】阅读与鉴赏

和爸爸妈妈一起朗读这首古诗吧！

shí sōng guǒ
拾松果

míng　lǐ dá
［明］李达

zuó yè shān zhōng chūn yǔ zēng，sōng shāo sōng guǒ luò pín réng。
昨夜山中春雨增，松梢松果落频仍。

cǎo jiān shí qǔ jīn róng yì，céng zài bàn tiān shū wèi néng。
草间拾取今容易，曾在半天殊未能。

★好书推荐★

看一看绘本：《小企鹅和小松果》（[韩]萨里娜·允恩/著　王倩/译）

【项目作业二】表达与交流

听爸爸妈妈讲一讲《松鼠和松果》。请你听完后，把这个故事讲给家人、好朋友听。

松鼠和松果

林颂英

松鼠聪明活泼，学会了摘松果吃。他高高兴兴地走进大森林，摘了一个又一个。每个松果都那么香，那么可口。

忽然，松鼠眨眨眼睛，想起来了：如果光摘松果，不栽松树，总有一天，一棵松树也没有了！

没有了松树，没有了森林，以后到处光秃秃的，小松鼠，小小松鼠，小小小松鼠……他们吃什么呢？到哪儿去住呢？

对，松鼠有了好主意：每次摘松果，吃一个，就在土里埋下一个。

春天，几场蒙蒙细雨过后，在松鼠埋松果的地方，长出了一棵挺拔的小松树。

将来，这里会是一片更茂密的松树林。

和爸爸妈妈聊一聊：

为什么小松鼠要一边摘松果一边埋松果？

【项目作业三】梳理与探究

把一个松果放在太阳底下晒一晒，另一个松果放在水盆里泡一泡，30 分钟后，和爸爸妈妈说一说，两个松果分别发生了什么变化。请你用晒过的松果动手做一做松果挂饰吧。

识字补给站

1. 圈出“项目作业一”的古诗中不认识的字，试着自己拼读准确。

2. 积累形容“果实”的成语。

guǒ shí léi léi 果实累累　shuò guǒ lěi lěi 硕果累累　lěi lěi rú zhū 累累如珠

shuò guǒ mǎn yuán 硕果满园　guǒ shú dì luò 果熟蒂落

参考答案

害羞的“小姑娘”

【项目作业二】表达与交流

最早的时候，含羞草叫得意草。后来，主人告诉含羞草，每个人都有自己的优点和缺点，含羞草知道自己错了，就羞愧地收起叶子，低下自己的头。所以大家叫她含羞草。

【项目作业三】梳理与探究

不管多大的声音都不能让含羞草的叶子合起来；风可以让含羞草的叶子合起来；用光照含羞草，它的叶子不会合起来，但放在黑暗的地方，含羞草的叶子会合起来。

田园小卫士

【项目作业二】表达与交流

如果我在现场，我一定会阻止他们的行为。我会对他们说：“快停下来！不要捕杀青蛙！它们是我们人类的好朋友！有了它们的帮助，田里的庄稼才不会被害虫吃掉。它们可是田园的小卫士。我们要一起保护它们！”

【项目作业三】梳理与探究

爸爸妈妈跟我比赛的时候，我才发现他们也会像我们孩子一样非常投入：我看到爸爸紧张时攥紧拳头，嘴里一直嘀咕着："千万别跳得比我远啊！我的小青蛙啊，加把劲啊！"妈妈在激动的时候拍手叫好，赢得比赛时拉着我在客厅里跑了两圈，好像这样才能把她的激动宣泄出来似的。

土壤探秘

【项目作业二】表达与交流

土壤妈妈生病了，是因为我们人类把难分解的塑料、有害垃圾、污水往她身上倒，她不能净化那么多垃圾，就病了。

我们应该在生活中尽量少用塑料袋，合理进行垃圾分类，不把化工厂污水往她身上排。

【项目作业三】梳理与探究

参考范例：我捏出了一只可爱的小兔和一个大南瓜。我用了揉、搓、按、压等手法制作出来的。周末，小兔妮妮在家帮助妈妈去摘大南瓜。这个大南瓜又大又圆，妮妮怎么也搬不动。她想了一个好办法，把大南瓜像车轮一样滚回了家，妈妈直夸妮妮是个聪明能干的小兔子。（重在体会乐趣。）

谢谢你，太阳公公

【项目作业二】表达与交流

围绕“爱心”“善良”回答即可。

【项目作业三】梳理与探究

感受趣味性即可。

雄鸡一唱天下白

【项目作业二】表达与交流

祖逖广泛阅读书籍，认真学习历史，学问大有长进。后来他和好友刘琨听见鸡叫就起床练剑，成为能文能武的全才。闻鸡起舞的意思是：听到鸡叫就起床舞剑，比喻有志者及时奋发努力。

【项目作业三】梳理与探究

一天，一只小公鸡和他的好朋友抱怨：“我们公鸡可真辛苦，每天都要早早起床，叫醒人们，天天睡眠不足，都成黑眼圈了。你们看看母鸡，每天睡到自然醒，每天都打扮得美美的，再这样下去，我们都得被母鸡嫌弃了，得赶紧想想办法呀！”

另一只公鸡说：“兄弟，我可不这么认为，每天早睡早起，有益健康。我们虽然是比别人早起，但正是有了我们，母鸡才能更好地休息，人类才能更有序地生活。”旁边的小公鸡听了，也接着说：“对呀，听说听听音乐可以缓解疲劳，我们每天早起唱唱歌，不仅可以叫醒人们，也可以缓解我们自己的疲劳，这也是很不错的啊！”

小公鸡听了觉得有道理，说：“没错没错，谢谢你们提醒我。以后我们天天一起早起唱唱歌，为人类开启美好的一天。”（重在鼓励孩子乐于表达。）

你好，鸡蛋

【项目作业二】表达与交流

挑事的大臣认为只要能坐上船就一定能发现新大陆，讽刺哥伦布是运气好，是瞎猫碰到死耗子。哥伦布让大家立鸡蛋，大家都觉得不可能，但是哥伦布用打破鸡蛋一头的方法立起了鸡蛋，大家又觉得太简单。哥伦布立鸡蛋的行动有力地说明，再简单的事情只要第一个做到了都是了不起的，有力地反驳了其他人的质疑。

【项目作业三】梳理与探究

小米少的不倒翁立得更直。原因是小米少了，鸡蛋的重心更稳定，所以立得更直。

活泼的小燕子

【项目作业二】表达与交流

因为小燕子们太懒了，不想学习飞翔、捉虫、躲避敌人的攻击。燕子妈妈也太宠爱他们。所以小燕子们即使长大了也不会飞，也不懂得躲避敌人的攻击。所以面对大蛇时，只能被吃掉。

【项目作业三】梳理与探究

言之有理即可，重在鼓励孩子发挥想象力。

如小燕子回北方的途中可能会经过草原，看见小草探出小小的脑袋，嫩绿嫩绿的；可能会经过树林，看见树上的积雪慢慢融化，掉落下来；可能会经过花园，看见花儿们争相展开自己的笑脸……

山野的精灵

【项目作业二】表达与交流

因为在两年的时间里，小溪一直不停歇地用心打磨巨石，每一个小角都不放过，累了，就为自己加油。而小鹿却忙着采野花、洗澡、参加聚会，从来不去打磨大石块。

【项目作业三】梳理与探究

歌曲中唱了：小溪一路唱着歌儿向前跑，遇到太阳、星星和月亮，还遇到了农民和洗衣姑娘。小溪流平静，映照出田野里的美丽风光。（重在鼓励孩子乐于表达。）

土豆变身记

【项目作业二】表达与交流

土豆分别遇到了：黄瓜戴着黄色小花帽；茄子戴着喇叭帽；草莓妹妹戴着绿叶帽。

【项目作业三】梳理与探究

参考：土豆泥软软的，吃起来是绵绵的，有一股奶香味，就像吃棉花糖，也像吃热冰激凌一样，还有点像芋泥，含到嘴里就化了。（重在鼓励孩子乐于表达。）

地下工作者

【项目作业二】表达与交流

因为蝴蝶觉得蚯蚓长得丑，而且身体太小了。我想对蝴蝶说：不能以貌取人，要看到别人的优点。（言之有理即可。）

【项目作业三】梳理与探究

重在个人体验。

闪烁的星星

【项目作业二】表达与交流

因为张衡爱好天文，经常注视夜空，观察星星，并且刻苦努力，最终成为天文学家。

【项目作业三】梳理与探究

重在体验乐趣。

神奇的“桥”

【项目作业二】表达与交流

青蛙觉得彩虹像最大的桥；蝴蝶觉得彩虹像七彩的项链；燕子觉得彩虹像美丽的外套；鱼儿觉得彩虹像大发卡。（言之有理即可，重在激发想象力。）

【项目作业三】梳理与探究

重在体会乐趣。

蝴蝶飞飞

【项目作业二】表达与交流

红蝴蝶和黄蝴蝶不是真的在吹牛。他们说的话都有依据。

红蝴蝶是观察风向预知了白云飘动的方向，而黄蝴蝶是记住了花儿开放的规律预知了花儿开放的时间。

【项目作业三】梳理与探究

蝴蝶花纹参考：

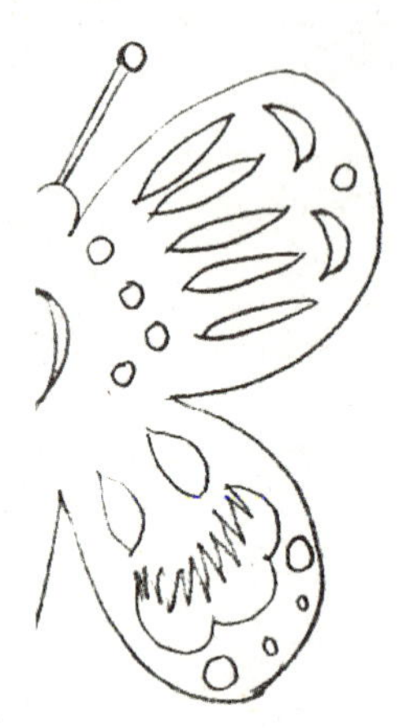

这只蝴蝶可能会飞到美丽的树林，遇见一只可爱的小鸟。蝴蝶对小鸟说：“瞧，你看我的翅膀五彩缤纷，多美丽。我能跳出优美的舞蹈。”小鸟拍打着翅膀笑了笑：“听，我的声音多动听。我能唱出悠扬的歌曲。”蝴蝶和小鸟在树下载歌载舞，成了最好的朋友。（言之有理即可，重在体会乐趣。）

王牌飞行员

【项目作业二】表达与交流

蜻蜓整天愁眉苦脸的原因是：寒冷的冬天已经来到，蜻蜓痛快地玩耍了一整个夏天，没有劳动，没有储备粮食，它担心自己躲不过严寒和饥饿。

假如蚂蚁收留了蜻蜓过冬，第二年冬天到来时，他们又见面了，蜻蜓对蚂蚁说：“我的朋友，今年夏天我认真工作，粮仓里装得满满当当！冬天快到了，我准备了几样你爱吃的食品，谢谢你去年冬天帮助了我，我以后会继续加油！”

蚂蚁对蜻蜓说：“朋友，看到你的进步，我真为你高兴！谢谢你的礼物，这是你辛苦劳动的收获，我一定好好品尝这份美味。”

【项目作业三】梳理与探究

如果我是竹蜻蜓，我想飞到乡下的田野上空，看绿油油的麦子茁壮成长；如果我是竹蜻蜓，我想飞到池塘边，和小鱼儿愉快地嬉戏玩耍；如果我是竹蜻蜓，我想飞到白雪皑皑的山巅，观赏美丽的雪莲。

小小搬运工

【项目作业二】表达与交流

红蚂蚁用不道德的办法解决生存的问题——绑架黑蚂蚁的儿女，把他们养在自己家里，让黑蚂蚁的儿女沦为自己的奴隶。

红蚂蚁不像蜜蜂那样，会辨认回家的方向，它们是凭着记忆回家的，所以它们通常是原路返回。

【项目作业三】梳理与探究

比如，一只小蚂蚁发现了一些面包屑，立刻返回巢穴通知其他蚂蚁，在回去的路上遇到伙伴，会用触角相互触碰交流食物的信息。蚂蚁们开始搬运食物，有的用头顶着往前推，有的用嘴咬住向前拖……

小蚂蚁们可能会遇到水坑、泥坑、台阶、土堆等不良路况，还可能会遇到天敌——食蚁兽、甲虫等。

比如，小蚂蚁们正努力地搬运着面包屑，走着走着，突然前面出现了一个大水坑，这可把它们难住了。谁也不知道这水坑到底有多深，强行过去，如果没淹死，辛苦找到的食物也都“贡献”给水坑了，该怎么办呢？突然，队伍里最小的一只小蚂蚁“侦察兵”开口喊道：“我去看看有没有其他的路！”说完他就放下面包屑，绕过水坑去探路了。过了好一会儿，就在大家为它担心时，小蚂蚁“侦察兵”终于气喘吁吁地赶了回来，原来它走了好几条路，为大家找到了一条又快又安全的路。就这样，蚂蚁们又高高兴兴地搬起食物继续前行了。（根据观察的实际情况，可以从单只蚂蚁的动作、一群蚂蚁之间配合进行描述。想象丰富，情节完整即可。）

荷塘里的小绿伞

【项目作业二】表达与交流

小青蛙第一次演唱：在池塘中央有碧绿的荷叶舞台，漂亮极了！萤火虫们灯光闪烁，流金溢彩；小蝴蝶们彩翅扇动，引人注目；螳螂先生，姿态优雅，缓缓地拉起了小提琴。

小青蛙第二次演唱：空空的荷叶舞台中央，自信地站着一只小青蛙。

【项目作业三】梳理与探究

荷叶小米粥吃到嘴里糯糯黏黏的，有着淡淡的荷叶的清凉和稻米的香味。如果加了点冰糖，还会有丝丝甜味。(可以说自己的不同感受，重在引导孩子表达。)

透明的“珍珠”

【项目作业二】表达与交流

因为小草忽视了露珠和泥土的作用。个人的力量也许是渺小的，但是，我们不要因此而小看他，有时候，他能起到很大的作用。就像露珠和泥土，他们看起来是无足轻重的，但在小草成长的过程中，却是不可或缺的。

【项目作业三】梳理与探究

水滴从流水状变为滚动的珠子。（心情变化，重在体会童趣。）

小松鼠的最爱

【项目作业二】表达与交流

围绕“爱护环境”“有备无患”等角度回答，言之有理即可。

【项目作业三】梳理与探究

认识、发现被太阳晒过的松果鳞片是张开的，被水浸泡过的松果呈闭合状。（感受趣味性即可。）